JN029429

まるごと知りたい 不動産鑑定士

不動産鑑定士
黒沢 泰

税務経理協会

はじめに

　土地や建物など不動産は、環境の変化や法改正、社会情勢の変動などによって、その経済的な価値は絶えず変化しています。不動産鑑定士は、専門知識や経済・法律などの知識を駆使して、不動産の価値を適正に評価する国家資格です。

　前置きはこの程度にして、これから本書を読もうとしている方は、新たに不動産鑑定士を目指そうとしている方、あるいは不動産鑑定士という資格そのものに興味のある方が中心かと思います。なかには、不動産鑑定士試験の試験科目に自分が勉強したことのある科目が含まれていたり、自分にとって受験しやすい科目が多いという理由で漠然と受験を考えている方もいることでしょう（実は、私自身、受験を志した時点では不動産鑑定士の仕事の中身を知ろうというよりも、資格を取りたいという気持ちが先行していたように思います）。

　現在、不動産鑑定士になるための試験は門戸が広く開放され、実務経験の有無を問わず最初の短答式試験と論文式試験（ただし、短答式試験合格者のみ）を受験できる制度となっています。そして、論文式試験合格後に、「実務修習」と呼ばれる実務研修を受講し（実地研修を含みます）、修習終了後に実施される修了考査に合格すれば、晴れて不動産鑑定士の登録ができる仕組みがとられています。

　このように、不動産鑑定士の資格を取得したいと考えた場合、現に鑑定業務に就いている方だけでなく、全く別の職業に就いている方であっても、受験に対する意欲と実務修習のための時間や費用を投入できる環境にある限り、誰でも不動産鑑定士となる途が開かれています。

ただし、これは他の資格にも共通することですが、折角苦労して資格を取得しても、それが実際に活かされなければ宝の持ち腐れとなってしまいます。不動産鑑定士の資格を有効に活かすためにも、不動産鑑定士とはどのような職業で、どのようなフィールドで活躍できるのかを最初に知っておくことが非常に重要です。

　その意味で、「不動産鑑定士のリアルを知る」ことができれば、資格取得の動機付けも一層現実味を帯びてくることでしょう。本書が不動産鑑定士を目指す方々にとって、その動機付けに少しでも役立つことができれば幸いです。なお、お時間のない方は「COLUMN」の部分だけでも、気楽な気持ちで読んでいただければと思います。

2021 年 11 月

黒沢　泰

Contents

はじめに

第 **3** 章　**不動産鑑定士の業務の類型**

第 6 章　**実際に案件を受注してからの仕事の流れ**

第 7 章　**試験に合格してからの道のりとキャリアアップ**

COLUMN

第 1 章

不動産鑑定士とは？

1 仕事の内容

1 メインの業務

(1) 鑑定評価を業として行うこと

　不動産鑑定士のメインの業務は、専門的な立場から不動産（土地・建物。物的なものだけでなく、土地や建物に付いている権利も含みます）の経済価値を判断してその結果を価額（具体的な金額）に示し、最終的には「不動産鑑定評価書」に表すところにあります。なお、「不動産鑑定評価書」は、法律（不動産の鑑定評価に関する法律）に基づいており、その作成は不動産鑑定士だけに認められています。

　ここで、不動産の経済価値を示すという意味ですが、単に、この地域の土地価格の相場は㎡（坪）当たり 10 万円であるとか、3LDK の新築マンションの価格は 4,000 万円程度であるということを指しているわけではありません。

　不動産の価格は、その土地・建物の物理的な要因（位置・形状・接道状況・建物の用途・構造等）だけでなく、不動産を取り巻く様々な環境（社会的・経済的・行政的条件）、法規制、税制の動向等に大きく影響されます。また、その地域の状況（住宅地域であれば居住環境の良否、商業地域であれば収益性の程度等）も価格に大きく反映されます（**図表1**）。

　鑑定評価の作業はこのような要因をすべて織り込み、価格形成要因を分析するために必要な資料を十分に取集した上で行われます。そして、そこには単なる達観でなく、不動産鑑定士の合理的根拠に基づいた科学的な判断が求められています（**図表2**）。

　このように、鑑定評価と呼ぶ場合には、そこで求められた鑑定評価額が適正なものであることを立証するための根拠付けや資料が必要であり、その結果が鑑定評価書に集約されているといえます（このことから、単に不動産の価格を示すだけの行為は鑑定評価に該当しません）。

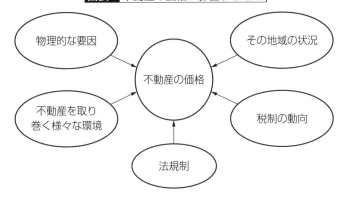

図表1 不動産の価格に影響するもの

物理的な要因

その地域の状況

不動産の価格

不動産を取り巻く様々な環境

税制の動向

法規制

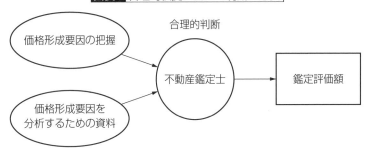

図表2 合理的根拠に基づく判断が必要

価格形成要因の把握

合理的判断

不動産鑑定士

鑑定評価額

価格形成要因を分析するための資料

　図表3は鑑定評価書の1ページ目のイメージです。また、ここで鑑定評価の対象となっている土地のイメージ写真を**図表4**に掲げます。

　以上述べたような業務を、個人または法人が事務所を構えながら、他人の求めに応じ報酬を得て鑑定評価活動を行っていく場合は不動産鑑定業に該当し、そのためには鑑定業者としての登録（不動産鑑定士の登録とは別個のもの）をすることが必要となってきます（**図表5**）。

不動産鑑定評価書

令和○年○月○日発行

○○○○○　殿

所属鑑定業者の名称　○○○○○
不動産鑑定士　○○○○○　(印)(※)

〔1〕対象不動産の表示及び鑑定評価額

所在及び地番	地目	評価数量	鑑定評価額
(土地) ○○市○○区○町三丁目○番○	宅　地	(登記簿) 1,500.00 m²	180,000,000 円

　本件鑑定評価に当たっては、自己又は関係人の利害の有無その他いかなる理由にかかわらず、公正妥当な態度を保持し、専門職業家としての良心に従い、誠実に不動産の鑑定評価を行った。
　当該鑑定評価額は、後記〔2〕2記載の条件を前提とするものです。

〔2〕鑑定評価の基本的な事項

　1．不動産の種別・類型
　（1）種別
　　　　住宅地
　（2）類型
　　　　更地

　2．鑑定評価の条件
　（1）対象確定条件
　　　　対象不動産の現状を所与として鑑定評価を行う。
　（2）地域要因又は個別的要因についての想定上の条件
　　　　ない

（※）令和3年9月1日以降、押印不要となりました（ただし、押印した不動産鑑定評価書ももちろん有効です）。

図表4 **図表3** の対象となる土地

図表5 鑑定業務を行うために

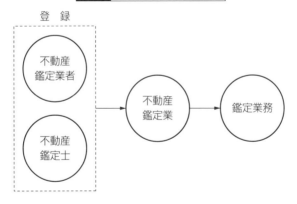

〈不動産の鑑定評価に関する法律〉

（定義）

第2条　この法律において「不動産の鑑定評価」とは、不動産（土地若し
　　　くは建物又はこれらに関する所有権以外の権利をいう。以下同じ。）の
　　　経済価値を判定し、その結果を価額に表示することをいう。

　　2　この法律において「不動産鑑定業」とは、自ら行うと他人を使用し
　　　て行うとを問わず、他人の求めに応じ報酬を得て、不動産の鑑定評価
　　　を業として行うことをいう。

　　3　この法律において「不動産鑑定業者」とは、第24条の規定による登
　　　録を受けた者をいう。

　なお、不動産鑑定業の登録ですが、1つの都道府県内のみに事務所を設けて
業務を行う場合は都道府県知事登録、2つ以上の都道府県に事務所を設ける場
合は国土交通大臣登録となります。そして、登録期間は5年間とされ、期間満
了後継続して業務を営む場合は再度登録をしなければならないことになってい
ます（同法第22条）。

　それでは、現在、不動産鑑定士の登録を済ませている人は全国で何名位おり、
不動産鑑定業者として登録をしている業者はどれ程の数にのぼるのでしょうか。
年によって増減はありますが、**図表6** で大まかな傾向をつかむことができま
す。

（2）　鑑定業務に必要な基礎知識

　不動産鑑定士が鑑定業務を専門的に行っていくためには、不動産に関する行
政法規、鑑定評価に関する理論はもちろんのこと、基礎知識として法律、経済、
会計、経営等の社会科学に属する分野から建築、土木等の分野まで広範にわた
るものが求められます。不動産鑑定士論文式試験において、民法・経済学・会
計学の3科目が従来から試験科目に織り込まれているのはこのためであると推
測されます（**図表7**）。

図表6 不動産の鑑定評価に係る登録状況

不動産鑑定士等の登録状況 (単位:人)

	不動産鑑定士	不動産鑑定士補	計
平成23年1月1日	7,566 (480)	1,525 (108)	9,091 (588)
平成24年1月1日	7,767 (505)	1,427 (98)	9,194 (603)
平成25年1月1日	7,920 (520)	1,358 (94)	9,278 (614)
平成26年1月1日	8,030 (532)	1,321 (91)	9,351 (623)
平成27年1月1日	8,118 (548)	1,293 (89)	9,411 (637)
平成28年1月1日	8,207 (560)	1,275 (87)	9,482 (647)
平成29年1月1日	8,268 (574)	1,264 (83)	9,532 (657)
平成30年1月1日	8,286 (583)	1,240 (82)	9,526 (665)
平成31年1月1日	8,269 (582)	1,212 (79)	9,481 (661)
令和2年1月1日	8,338 (611)	1,205 (78)	9,543 (689)
令和3年1月1日	8,446 (624)	1,200 (78)	9,646 (702)

※( )書きは女性を再掲。

不動産鑑定業者の登録状況 (単位:業者)

	大臣登録	知事登録	計
平成23年1月1日	83	3,298	3,381
平成24年1月1日	83	3,279	3,362
平成25年1月1日	81	3,273	3,354
平成26年1月1日	80	3,317	3,397
平成27年1月1日	79	3,328	3,407
平成28年1月1日	80	3,318	3,398
平成29年1月1日	81	3,230	3,311
平成30年1月1日	78	3,191	3,269
平成31年1月1日	76	3,175	3,251
令和2年1月1日	75	3,149	3,224
令和3年1月1日	75	3,141	3,216

(出所)国土交通省ホームページ掲載資料(国土交通省土地・建設産業局地価調査課)

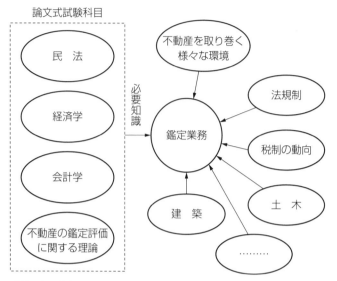

図表7 鑑定業務に必要な基礎知識

論文式試験科目

- 民 法
- 経済学
- 会計学
- 不動産の鑑定評価に関する理論

必要知識 →

- 不動産を取り巻く様々な環境
- 法規制
- 税制の動向
- 鑑定業務
- 土 木
- 建 築
- ………

（注）　「不動産に関する行政法規」は短答式試験の試験科目として組み込まれています。

（3）　鑑定評価は実践科学

　しかし、鑑定評価は常に不動産という現場を抱えた実践科学（野外科学）であり、机上の理論だけでは解決のできない（＝現実に発生している価格現象を説明しきれない）点に、難しさと奥深さが潜んでいます。これが一般の社会科学にはない醍醐味であるといえるでしょう。

　不動産は「動かない」といっても、それは物理的な意味で「動かない」ということであり、人の働きかけによってはいくらでも動くといえます。例えば、従来、工場の敷地であった土地が、周囲の環境変化に合わせて住宅の敷地に変化するというケースもしばしば見受けられます。このような地域では、自治体の定める都市計画の内容が住居系の建物利用を指向するものとなっており、従来認められていた工業系の建物が今後は建築できないような用途規制がなされているといえます。

　不動産鑑定士の仕事は、このように時代の流れとともに変化する不動産の状

況を、ハード面からだけでなく、ソフト面も含めてとらえ、しかも、動的な観点から将来的な価値も見据えた上で価格の判断を行う点に面白さと難しさが潜んでいます。

（4） 鑑定対象案件は様々

　また、不動産鑑定の対象となる物件は実に様々です。それが都心部にあるオフィスビルの場合もあれば、郊外の戸建住宅やマンション、工場や倉庫、駐車場、空き地のようなものから、鉄塔の敷地、鉄道敷、用悪水路（悪水を排せつするための水路を指します）、私道等の特殊なものまですべて対象となります。

　以下、鑑定評価の典型的な案件の例を写真で紹介するとともに（図表8から図表11）、特殊な案件についても写真を掲げておきます（図表12から図表15）。不動産鑑定士が鑑定評価をメインの業務として行う場合、依頼があれば、このようにありとあらゆる案件がその対象となってきます。

　不動産鑑定士となり、実際に鑑定業務で特殊な案件に遭遇した際、このような案件を、どのような考え方の基に、どのように評価すればよいかという点で戸惑うこともしばしばあります。不動産鑑定士が鑑定評価の拠り所としている「不動産鑑定評価基準」でも、このような案件を具体的に処理するための規定を置いているわけではありません。しかし、実際に案件を処理していくために

図表8 オフィスビル

図表9 マンション

図表10 戸建住宅

図表11 工場

図表12 鉄塔の敷地

図表13 軌道敷

図表14 私道

図表15 用悪水路

は、評価の過程に合理的な根拠を求めつつ、最終的な鑑定評価額を導いていくことが不動産鑑定士には必要となります。ここに、適正な価格を求めるという鑑定評価の存在意義を見出すことができます。

（5） 鑑定評価に法務局・役所調査・現地調査・事例地調査は不可欠

　実際に依頼を受けて鑑定評価に着手する際、対象不動産がどこに所在し、地番・地目・面積・建物の用途および構造等がどのようになっているかを調べるために、法務局と呼ばれる登記手続きを行っている官庁を訪れます。ここで登記内容を確認するために「登記事項証明書」の交付を受けます。最近では、「登記情報サービス」という形で、法務局に出向かずに登記情報をパソコンで取得する方法が普及しており、このような方法で取得した書類は「インターネット登記情報」などと呼ばれていますが、法務局の印が押されておらず、「登記事項証明書」とは区別されています。また、法務局では、公図と呼ばれる土地の地番や区画の形状を明らかにした図面も入手します（公図もインターネットで取得が可能です）。

　さらに、対象不動産の利用に関する法規制（価格に影響する場合が多いです）や供給処理施設の状況（水道・下水道・都市ガス等の有無）を確認するために、対象不動産の所在する市町村役場（東京23区の場合は区役所）に足を運

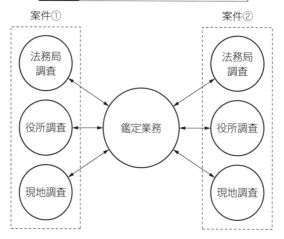

図表 16 欠かすことのできない様々な調査

案件①

案件②

法務局調査

役所調査

鑑定業務

現地調査

法務局調査

役所調査

現地調査

んだり、ガス会社に問い合わせをしたりします。

　これらの調査を済ませた上で、現地調査を行い、対象不動産を目で見て確認するわけです。また、実際に取引のあった土地（事例地）の状況を把握して鑑定評価の対象不動産と比較する作業もあります。

　鑑定評価を業とする場合、継続的な案件受注が前提となることから、いうまでもなく法務局・役所調査、現地調査等の繰り返しが日常業務として相応のウェイトを占めてきます。これらの仕事は地道な内容ですが、不動産の鑑定業務には欠かすことのできない重要なものです（**図表 16**）。

（6）　対象案件は全国規模にわたる

　不動産鑑定士が鑑定評価の対象とする案件は全国に及ぶことから、地方出張の機会も多く、業務や知識の幅を広げることが可能となります。それとともに、地方の歴史を学んだり地方料理を楽しむ機会もあり、オフィスで仕事をしていただけでは得られないものもあります。

　鑑定対象案件が地方に存在する場合、その地域の価格事情に精通する不動産鑑定士に意見を求めたりする機会も生じます。これらを通じて不動産鑑定士間の交流が生まれることも多く、人と人とのつながりという面でも有用と思われます。

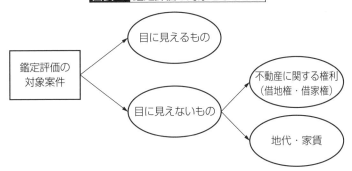

図表17 鑑定評価の対象となるもの

鑑定評価の対象案件 → 目に見えるもの

鑑定評価の対象案件 → 目に見えないもの → 不動産に関する権利（借地権・借家権）

目に見えないもの → 地代・家賃

（7） 対象案件は目に見えない権利や利益にも及ぶ

　今まで、どちらかといえば「物」という側面から鑑定業務の性格を取り上げてきましたが、不動産鑑定士が経済価値の判定に関与する場面はこれだけにとどまりません。すなわち、不動産に関する「権利」そのものの評価（借地権や借家権の価格）、「地代・家賃」といった利害関係の絡む案件の評価をすることも多くあります（**図表17**）。ここで「借地権」とは、わかりやすくいえば、他人の土地を借りて利用する権利、「借家権」とは他人の建物を借りて利用する権利を指します。

　なかには、貸主・借主の当事者間での話し合いがうまくいかず、調停の場に持ち込まれるケース、さらには調停が成立せず裁判に発展するケースなども想定されます。このような場合、問題解決のための基礎資料を提供する意味で、不動産鑑定士の作成した鑑定評価書が裁判所に提出されることがしばしばあります。

（8） 最近では証券化目的の鑑定評価も多い

　不動産を対象に証券を発行し、不特定多数の投資家から資金調達を行うため、不動産の適正価格を把握する目的で鑑定評価が行われる場合があります。最近では、このような証券化目的での鑑定評価も頻繁に行われており、不動産鑑定業者によってはこれがメイン業務の1つとなっているところもあります。

（9） 地価公示・地価調査をはじめとする公的評価も対象

　毎年3月下旬頃発表される公示価格、9月下旬頃発表される都道府県地価調

査価格は、国や都道府県から委託を受けた不動産鑑定士の鑑定評価に基づいて価格が決定されています（公示価格・都道府県地価調査価格は土地取引の指標としての性格を有しています）。

　また、（イ）固定資産税の課税のために、市町村等がある路線に標準宅地を設けてその鑑定評価を不動産鑑定士に委託する場合、（ロ）相続税の課税のために、税務署がある路線に標準宅地を設けてその鑑定評価を不動産鑑定士に委託する場合には、これがメイン業務の1つとなっている事務所も多くあります。

　さらに、公的評価の対象としては、道路や公共用地の買収のための評価があり、特殊な部類に入るものとして競売物件や公売物件の評価に携わる不動産鑑定士もおります。

2　周辺業務

　不動産鑑定士として鑑定評価をメイン業務に行う場合でも、その知識経験を活かし、次のようなコンサルティング業務を行っている事務所もあります。

- ・不動産の有効活用の助言・提案（賃貸住宅やオフィスビル等）
- ・投資採算分析（不動産を購入してそれを賃貸した場合、何年目位に収支が黒字に転換するかなど）
- ・不動産の詳細調査（デューデリジェンス）（法的規制、建物の耐震性、有害物質の有無等をはじめとする調査。ただし、技術的な内容の調整については、他の専門家に再委託するのが通常です）
- ・マーケット分析（価格・賃料動向など）
- ・借地借家に関するアドバイス（更新料・名義書換料等）

　それぞれの内容をここで説明するには専門的となりますので詳細は割愛しますが、要は、鑑定実務の経験を積んでいく過程で蓄積したノウハウ（価格や賃料に関する見識、資金収支や収益のとらえ方、建築費の動向、物件のリスクを含めた詳細状況の把握、市場動向、借地借家の諸問題等）を活かした相談業務に携わるというものです（**図表18**）。

　これらの業務は、不動産鑑定士が中立的な立場から助言・提案することにより、相談者の不動産活用に役立てることができます。

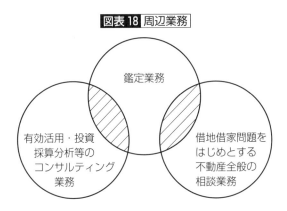

図表18 周辺業務

鑑定業務

有効活用・投資
採算分析等の
コンサルティング
業務

借地借家問題を
はじめとする
不動産全般の
相談業務

　例えば、現在空きのままとなっている住宅を賃貸に供するとすれば、家賃収入がどれほど見込め、どれ位の経費（費用）がかかり、純収益はどれ位期待できるかという問題に対し、具体的な金額を示して助言することとなります。また、資金の借入れを行って土地を購入し、そこに新たに賃貸共同住宅を建築した場合の投資採算分析（損益分岐点の見極め）にも不動産鑑定士の知識経験が役立ちます。

　さらに、借地権の付いた建物を他人に売却したいが、その際、地主に支払う名義書換料（俗に「ハンコ代」とも呼ばれます）はどれ位必要か等の相談もしばしば寄せられます。

　これらをはじめとし、相談者は個人・法人を問わず、また相談内容も大小を問わないことから、コンサルティング業務に対する不動産鑑定士の活躍範囲は広いといえます。

2 | 不動産鑑定士が所属して活躍するフィールド

　今まで、不動産鑑定士の業務という視点からその主なものを紹介してきましたが、次に、不動産鑑定士がどのようなところに所属してその知識経験を活かしているのかを掲げてみます。

1 不動産鑑定事務所

　まず先に挙げられるのが、個人または法人形態をとる不動産鑑定事務所に所属して鑑定業務を行っている場合です。

　不動産鑑定士が１人で事務所を営んでいるケース、すなわち個人事務所の場合は、本人が１人で所長と実務担当者を兼ねています。オフィスビルの一室を事務所として借りている場合、マンションの一部屋を事務所として使用している場合、自宅を事務所としている場合など実に様々です。不動産鑑定業では、このように個人事務所の形態をとっているところが多いのが特徴です（なかには、株式会社の形態をとっている事務所もありますが、実質的に個人事務所と変わらないところも少なくありません）。

　法人形態をとる不動産鑑定事務所では、不動産鑑定士が複数名所属しているケースが多いといえます。そして、そのうちの１人が代表取締役、他の不動産鑑定士が取締役として事務所の看板に名を連ねています。もちろん、このような事務所では庶務的な内容を含め補助者を雇っていることが多いようです。

　また、法人形態をとる不動産鑑定事務所（鑑定専業に近い事務所）のなかには、いわゆる大手企業に匹敵する鑑定機関もあり、このような機関では不動産鑑定士が数百名在籍するなど、個人事務所とは異なる組織運営が行われています（しばしば「機関鑑定」と呼ばれています）。

　個人事務所を構えて鑑定業務に携わっている不動産鑑定士のなかには、最初は法人形態をとる不動産鑑定事務所に所属していて独立した人、大手鑑定機関に属した後に独立した人が多いといえます（資格取得後、最初から自分１人で

事務所を構えるという人もいないわけではありませんが、経験が大きくものをいう業界です。駆け出しの頃は先輩にお世話になることが多いのが通常です）。

2 不動産会社における鑑定部門

次に典型的なケースとして、不動産会社における鑑定部門に所属して鑑定業務を行う場合が挙げられます。

大手不動産会社の場合、開発・分譲、仲介、賃貸、管理といった不動産業全般にわたる業務を行っている会社もあり、そのうちの一部門として鑑定部門を設けているという具合です（例えば、○○不動産株式会社鑑定部のようなイメージです）。

このような組織に属して鑑定業務に携わる場合、メイン業務はもちろん不動産鑑定となりますが、組織に異動はつきものです。大手不動産会社に属しつつ、鑑定部門しか経験しないという人はむしろ珍しいのではないでしょうか。開発・分譲を経験した後に鑑定部門へ、あるいは仲介業務を経験した後に鑑定部門へ異動というケースもありますし、鑑定部門を経験した後に賃貸・管理部門へ異動というケースもあることでしょう。このように、不動産会社（特に大手）の場合、数ある不動産業務のうちの1つとして鑑定業務を位置付けているところが多いといえます。

それだけでなく、個人事務所で鑑定専業に近い事務所とは、同じ鑑定業務でも扱う案件の性格が異なることが多いのではないでしょうか。例えば、個人事務所では地価公示・地価調査等の公的評価のウェイトが高いところが多く、不動産会社（特に大手）では民間企業の鑑定案件等が中心となります。

3 不動産会社・建設会社等における売買・賃貸借・開発・コンサル関連業務

不動産会社や建設会社等に所属している不動産鑑定士は、必ずしも鑑定業務に携わっているとは限りません。例えば、宅地建物取引士の資格も併せて取得しながら、売買・賃貸借・開発・コンサル関連業務等を担当している人も少なくありません。これらの業務を行う上で、不動産鑑定士資格保有者であること

が信用拡大につながったり、業務の幅を広げることが可能となります。その意味で、不動産鑑定士は売買契約書や賃貸借契約書の相談に乗ったり、開発プロジェクトの収支計画や採算計画のアドバイス、相続時の不動産分割、境界問題（隣接地との境界が不明確な場合，どのようにしてこれを明かにすればよいかなど）の解決方法等のコンサル業務をはじめ、社内外における不動産問題のエキスパートとして活躍することができます。

このようなニーズに応えていくためには鑑定評価に関する知識だけでは不十分であり、周辺分野の知識も蓄積する必要があります。不動産会社や建設会社に所属している不動産鑑定士は鑑定業務以外の分野のノウハウを蓄積できる環境にありますので、この点を強みとして活かすことができるでしょう。

ただし、鑑定業務から離れてある程度の期間を経過すると、鑑定実務の感覚が薄れてくることは事実です。そのため、せっかく取得した資格の本来の業務遂行能力を錆びつかせないためにも、不動産鑑定評価基準や実務指針等に関する継続的な研鑽やメンテナンスが必要となってきます。

また、不動産会社や建設会社等において売買・賃貸借・開発・コンサル関連業務に携わる不動産鑑定士は、鑑定評価を実施する側でなく、むしろ鑑定評価を依頼する立場にあることが多いと思われます（自社物件の時価評価を外部鑑定機関に依頼するためです）。したがって、このようなケースでは、提出された鑑定評価書を「読む」という視点から鑑定評価書に接する機会が多くなります。自ら鑑定評価書を作成しない場合でも、鑑定評価書を読む（その適切性を審査する）という立場から、鑑定評価に関する研鑽を行うことができるわけです。

4　金融機関における鑑定部門（担保評価・信託）

信託銀行では不動産鑑定部門を設置しているところが多く、この部門に所属して鑑定業務に携わっている不動産鑑定士も多くいます。また、信託銀行の業務として、不動産仲介・コンサルティング業務、不動産信託業務等が挙げられ、不動産鑑定以外の業務において不動産鑑定士の活躍できるフィールドがあります。

信託銀行では、不動産鑑定士試験の受験を積極的に支援しているという話を耳にすることもあります。

5　不動産投資信託（REIT）を取り扱う証券会社

不動産投資信託（REIT）を取扱う証券会社においても、不動産鑑定士の活躍するフィールドがあります。不動産鑑定士は、提出された鑑定評価書の適切性についての審査を行う際、鑑定実務に関する知識経験を役立てることができます。

6　不動産活用および運用を行うコンサルティング会社

不動産活用および運用を行うコンサルティング会社においても同様であり、不動産鑑定士は対象不動産の時価評価や賃料（地代・家賃）の適切性や事業収支等につき、その知見を基にアドバイスを行うことができます。このようなフィールドに身を置いて活躍している不動産鑑定士も少なくないといえます。

7　官公庁における用地部門・課税部門等

不動産鑑定士のなかには、官公庁における用地部門や課税部門等に所属して鑑定評価の知識を活かしている人もいるようです。これらの部門に属している人は不動産鑑定業務に直接携わることはなく（所属する組織が鑑定業者登録を行っていないためです）、鑑定評価と間接的な関わりを有する機会があるということになります。すなわち、用地買収を行うに当たり、適正時価の指標としての鑑定評価を外部に依頼する際の窓口や審査の担当となるケース、市町村の固定資産税課あるいは税務署において路線価（その土地の課税上の時価を算定する目的で、その土地の前面に接している道路（路線）に附された価額を意味します）の附設に関わりを有する人などが対象として挙げられます。

また、なかには監査法人において監査業務に携わりながら、対象企業の会計上の時価情報に関してその適切性を審査する際に、不動産鑑定士資格を得るために蓄積した知識を活かしている人もいるようです。

8 その他（一般企業における総務部門等）

　最後に、人数は非常に少ないと思われますが、不動産鑑定士の資格を取得後、鑑定業者ではない一般企業（総務部門）に勤務している人もいるのではないでしょうか。なかには、不動産鑑定士試験（短答式・論文式）には合格したものの、勤務先の都合で実務修習を受講しないままとなっている人もいるかも知れません。

　一般企業の総務部門では、自社が所有する不動産（事務所・店舗・工場・倉庫・スポーツ施設等、業種により多種多様なものがあります）の管理を行っていることが多く、必要に応じて不動産鑑定士に鑑定評価を依頼することがあります。売買の際の適切な時価を前もって把握する必要のある場合や、社内決裁の都合上必要となる場合、賃貸中の不動産の賃料改定を検討する際に周辺相場がつかみにくく鑑定評価を参考にしたい場合など様々です。不動産鑑定士有資格者（あるいは試験合格者）がこのような業務の窓口となる場合は、資格を得るために蓄積した知識経験を活かすことができます。それだけでなく、自分が所属する企業における不動産問題に関するエキスパートとして活躍することも可能です（他部門に対するアドバイスを行う役割も担えます）。

　以上、不動産鑑定士が所属して活躍するフィールドの主なものを列記してき

図表19

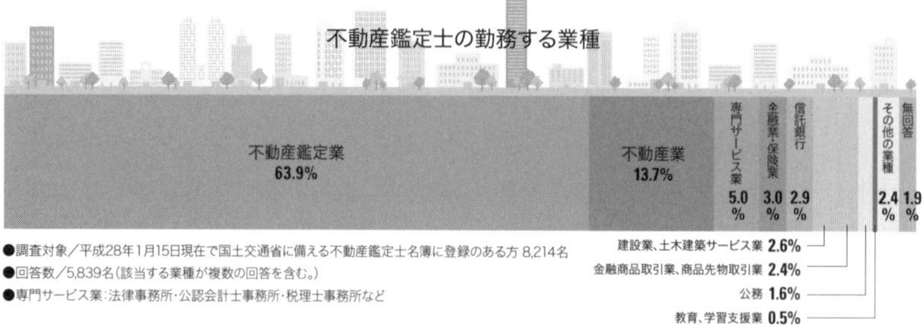

不動産鑑定士の勤務する業種

不動産鑑定業 63.9%

不動産業 13.7%

専門サービス業 5.0%

金融系・保険業 3.0%

信託銀行 2.9%

その他の業種 2.4%

無回答 1.9%

建設業、土木建築サービス業 2.6%

金融商品取引業、商品先物取引業 2.4%

公務 1.6%

教育、学習支援業 0.5%

- ●調査対象／平成28年1月15日現在で国土交通省に備える不動産鑑定士名簿に登録のある方 8,214名
- ●回答数／5,839名（該当する業種が複数の回答を含む。）
- ●専門サービス業：法律事務所・公認会計士事務所・税理士事務所など

ましたが、読者のなかには自分で考えていた以上に幅広い分野で資格を活かすことができそうだと感じた方もいるのではないでしょうか。

　なお、参考までに、国土交通省のホームページ（不動産鑑定士パンフレット「私たち不動産鑑定士です」）のなかに、「不動産鑑定士の勤務する業種」の割合が記載されていますので、**図表19**に掲げておきます。

　不動産鑑定士の勤務する業種の傾向は以上述べたとおりですが、業務を行っていくなかで、弁護士・税理士・公認会計士・測量士・土地家屋調査士・司法書士・建築士・宅地建物取引士等の他士業に携わる人たちとの接点が生ずることが多いのも大きな特徴です。これに関しては第7章でも述べますが、本章の最後に、不動産鑑定士という職業が他士業とも深く関わっていることを指摘しておきます。それだけに周辺分野の知識も少なからず必要とされるというわけです（**図表20**）。

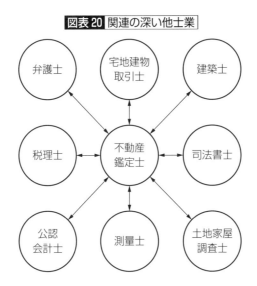

図表20 関連の深い他士業

第 2 章

不動産鑑定士になるためには
──試験合格・登録までのステップ

不動産鑑定士になるまでの道のりとしては、まず筆記試験（短答式および論文式）に合格することが第一歩となります。なお、筆記試験受験のために実務経験の有無は求められていません。すなわち、鑑定評価の実務経験がまったくない人でも筆記試験を受験することができ、合格点を得られれば、最初のハードルはクリアできることになります。

　次のハードルとして、筆記試験合格後、実務能力を身に着けるために実務修習と呼ばれる修習を受講し（指導鑑定士の指導の基に行う実地演習も含みます）、修習受講後、修了考査（口頭試問および記述式試験（短答式、論文式））に合格すれば、この段階で不動産鑑定士登録が可能となります（**図表1**）。

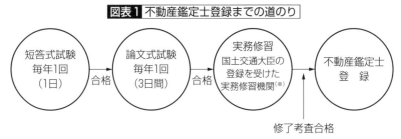

図表1 不動産鑑定士登録までの道のり

短答式試験　毎年1回（1日）　→合格→　論文式試験　毎年1回（3日間）　→合格→　実務修習　国土交通大臣の登録を受けた実務修習機関(※)　→修了考査合格→　不動産鑑定士登録

（※）現在のところ、（公社）日本不動産鑑定士協会連合会のみ。

　なお、資格取得までの期間ですが、各人の置かれた筆記試験合格までの受験環境や実務修習の受講期間等によっても異なりますが、資格取得・登録までには最低でも2年から3年を要するといわれています。また、実務修習には別途費用負担を要します。

1 | 筆記試験（短答式および論文式）

　筆記試験（短答式および論文式）の詳細は国土交通省のホームページに掲載されていますが、その一部を以下に抜粋しておきます（令和3年の試験案内ですが、毎年ほぼ変更はありません。ただし、該当年次のホームページでその都度確認が必要です）。

1　試験の概要（短答式および論文式）

（1）　試験の目的および方法

　不動産鑑定士試験は、不動産鑑定士になろうとする者に必要な学識およびその応用能力を有するかどうかを判定することをその目的として、短答式および論文式による筆記の方法により行います。

　不動産鑑定士試験に合格した者は、実務修習を修了し、国土交通省に備える不動産鑑定士名簿に登録を受けることにより不動産鑑定士となることができます。

（2）　受験資格

　年齢、学歴、国籍、実務経験等に関係なく受験できます。

　論文式試験は、本年実施の短答式試験に合格した者および前々年または前年の短答式試験の合格者のうち本年の受験申請において短答式試験の免除申請をした者が受験できます。

（3）　試験科目および出題範囲

　次に記載する法令および諸規程（不動産鑑定評価基準等を含む）については、いずれの科目についても前年9月1日時点で施行されているものから出題します。

① 短答式試験

（i） 不動産に関する行政法規

出題形式	択一式（マークシート方式による選択問題で 40 問）
出題範囲	次の①に掲げる法律を中心に、②に掲げる法律を含みます（関係する施行令、施行規則等を含む）。 ① 土地基本法、不動産の鑑定評価に関する法律、地価公示法、国土利用計画法、都市計画法、土地区画整理法、都市再開発法、建築基準法、マンションの建替え等の円滑化に関する法律（建物の区分所有等に関する法律の引用条項を含む）、不動産登記法、土地収用法、土壌汚染対策法、文化財保護法、農地法、所得税法（第1編から第2編第2章第3節までに限る）、法人税法（第1編から第2編第1章第1節までに限る）、租税特別措置法（第1章、第2章並びに第3章第5節の2および第6節に限る）、地方税法 ② 都市緑地法、住宅の品質確保の促進等に関する法律、宅地造成等規制法、宅地建物取引業法、自然公園法、自然環境保全法、森林法、道路法、河川法、海岸法、公有水面埋立法、国有財産法、相続税法、景観法、高齢者、障害者等の移動等の円滑化の促進に関する法律、不動産特定共同事業法（第1章に限る）、資産の流動化に関する法律（第1編および第2編第1章に限る）、投資信託及び投資法人に関する法律（第1編、第2編第1章および第3編第2章第2節に限る）、金融商品取引法（第1章に限る）

（ii） 不動産の鑑定評価に関する理論

出題形式	択一式（マークシート方式による選択問題で 40 問）
出題範囲	不動産鑑定評価基準および不動産鑑定評価基準運用上の留意事項

② 論文式試験

（i） 民法

出題形式	論文式
出題範囲	民法、第1編から第3編までを中心に、同法第4編および第5編並びに次の特別法を含みます。借地借家法、建物の区分所有等に関する法律。

（ⅱ）　経済学

出題形式	論文式
出題範囲	ミクロおよびマクロの経済理論と経済政策論

（ⅲ）　会計学

出題形式	論文式
出題範囲	財務会計論（企業の財務諸表の作成及び理解に必要な会計理論、関係法令および会計諸規則を含む）

（ⅳ）　不動産の鑑定評価に関する理論

出題形式	論文式（演習による出題を含む）
出題範囲	不動産鑑定評価基準および不動産鑑定評価基準運用上の留意事項

（4）　合格基準

①　短答式試験の合格基準

　総合点で概ね7割を基準に土地鑑定委員会が相当と認めた得点とします。ただし、総合点のほかに各試験科目について一定の得点を必要とするものとします。

②　論文式試験の合格基準

　総合点で概ね6割を基準に土地鑑定委員会が相当と認めた得点とします。ただし、総合点のほかに各試験科目について一定の得点を必要とするものとします。

2　試験のスケジュール（短答式および論文式）

　以下は例年のスケジュールであり、コロナウイルス感染症の影響で若干変更（延長）になった年（令和2年）もあるため、その都度留意が必要です）。

（1）　短答式試験（毎年5月中旬実施・1日間）

　合格発表：6月下旬

（2）　論文式試験（毎年8月中旬実施・3日間）

　合格発表：10月下旬

3　過去の筆記試験問題等の公開

　国土交通省のホームページでは、試験案内と併せて過去数年間の短答式試験の問題と正解、論文式試験の問題と出題の趣旨を公開しています。

　詳細は同ホームページを参照ください。

4　過去の筆記試験の合格率等

　その年によって状況は異なりますが、概ね以下の傾向がみられます（これ以前の年および今後の状況については国土交通省のホームページを参照ください）。

（1）　短答式試験の合格状況（令和３年の場合）

① 　申込者数　2,367 人

② 　受験者数　1,709 人

③ 　合格者数および合格得点比率

　621 人（総得点の 70.0 ％以上を取得した者 (※)）

　（※）科目別に設定された必要最低得点比率を満たさない者は除く。

④ 　科目別結果

　・不動産に関する行政法規（満点 100 点）

　　　平均点　54.3 点

　・不動産の鑑定評価に関する理論（満点 100 点）

　　　平均点　69.6 点

⑤ 　総合結果（満点 200 点）

　平均点　123.9 点（得点比率 62.0 ％）

　最高点　187.5 点（得点比率 93.8 ％）

⑥ 　合格者の属性等について

　（1）性別

　　　男性　515 名

　　　女性　106 名

（2）年齢

　平　均　37.2 歳

　最高齢　73 歳

　最年少　19 歳

（3）年齢別合格者調

	受験者数	合格者数	合格率
30 歳未満	414 名	190 名	45.9 %
30 歳以上 35 歳未満	265 名	107 名	40.4 %
35 歳以上 40 歳未満	232 名	90 名	38.8 %
40 歳以上 45 歳未満	198 名	70 名	35.4 %
45 歳以上 50 歳未満	197 名	69 名	35.0 %
50 歳以上 55 歳未満	163 名	42 名	25.8 %
55 歳以上 60 歳未満	130 名	23 名	17.7 %
60 歳以上	110 名	30 名	27.3 %
合　計	1,709 名	621 名	36.3 %

（2）　論文式試験の合格状況（令和２年の場合）

① 　申込者数　1,160 人

② 　受験者数　764 人

③ 　合格者数および合格点

　135 人（合計 380 点以上を取得した者 (※)）

　（※）科目別に設定された合格基準点を満たさない者は除く。

④ 　科目別結果

　・民法（配点 100）

　　　平均点　52.0 点

　・経済学（配点 100）

　　　平均点　57.1 点

　・会計学（配点 100）

　　　平均点　53.1 点

・不動産の鑑定評価に関する理論（配点 300）

平均点　118.1 点

⑤　総合結果

平均点　280.6 点

最高点　497 点

⑥　合格者の属性等について

（1）　性別

男性 116 名　　女性 19 名

（2）　年齢

平　均　32.6 歳

最高齢　61 歳

最年少　20 歳

（3）　年齢別合格者調

	受験者数	合格者数	合格率
30 歳未満	146 名	53 名	36.3 %
30 歳以上 35 歳未満	137 名	37 名	27.0 %
35 歳以上 40 歳未満	122 名	23 名	18.9 %
40 歳以上 45 歳未満	91 名	9 名	9.9 %
45 歳以上 50 歳未満	85 名	7 名	8.2 %
50 歳以上 55 歳未満	69 名	2 名	2.9 %
55 歳以上 60 歳未満	51 名	3 名	5.9 %
60 歳以上	63 名	1 名	1.6 %
合　計	764 名	135 名	17.7 %

（※本書執筆時点では，令和 3 年の論文式試験の合格発表はされていません。）

2 筆記試験合格後の実務修習と修了考査

1 実務修習

　筆記試験に合格した後に、不動産鑑定士となるのに必要な技能および高等な専門的応用能力を習得するため、所定の機関 (※) で 1 年から 3 年にわたり修習を受講後、修了考査を受験します。

（※）国土交通大臣の登録を受けた実務修習機関を指します。

受講資格	論文式試験合格者または旧不動産鑑定士試験第 2 次試験合格者
修習期間	1 年／ 2 年／ 3 年の 3 つのコース（内容は各コースとも同じです） 仕事等の状況に合わせて修習期間の選択が可能です。
修習課程	①講義：不動産の鑑定評価に関する実務に関する知識の修得 ②基本演習：鑑定評価報告書の作成手順の修得

2 修了考査

　修了考査は、記述式試験（短答式、論文式）および口頭試問形式で実施されます（毎年 1 月下旬頃ですが、コロナウイルス感染症の影響で若干変更（延長）になった年（令和 3 年）もあるため、その都度留意が必要です）。

　また、合格発表は例年 3 月中旬頃となっています。

　なお、過去の修了考査の実施状況（問題、択一式の正解および論文式の出題趣旨、合格者数等）については、公益社団法人日本不動産鑑定士協会連合会が一般向けのホームページで公表していますので、参照ください。

　参考までに、第 14 回修了考査（令和 3 年 2 月実施）の結果は以下のとおりです。

① 受験者　145 名

② 合格者　105 名

③　合格率　72.4％

　（※）不合格者 40 名のうち、実務修習業務規程第 38 条第 2 項第 1 号の規定
　　　に基づく再考査の受験が可能な者は 34 名である。

④　合格者の属性等

　（1）　性別　男性　　90 名

　　　　　　　女性　　15 名

　（2）　年齢　平均　37.7 才

　　　　　　　最高齢　70 才

　　　　　　　最年少　22 才

　また、第 14 回修了考査（1 号再考査）（令和 3 年 5 月実施）の結果は以下の
とおりです。

①　受験者　34 名

②　合格者　23 名

③　合格率　67.6％

　〈当初考査における合格者等〉

　　①　受験者　145 名

　　②　合格者　105 名

　　③　合格率　72.4％

　〈第 14 回修了考査全体（当初考査及び 1 号再考査）における合格者等〉

　　①　受験者　145 名

　　②　合格者　128 名

　　③　合格率　88.3％

　　④　合格者の属性等

　　　（1）性別　男性　　21 名

　　　　　　　　女性　　　2 名

　　　（2）年齢　平均　40.8 才

　　　　　　　　最高齢　69 才

　　　　　　　　最年少　26 才

3 不動産鑑定士登録

　修了考査の合格者は、国土交通省に備える名簿に登録を受けることにより不動産鑑定士となります。参考までに、**図表2**に、晴れて不動産鑑定士の登録が可能となった段階で用いる登録申請書のイメージを掲げておきます。また、都道府県別にみた不動産鑑定士の登録数の傾向を**図表3**に掲げます（第1章に掲げた不動産鑑定士登録数は全国合計ですが、その都道府県別内訳です）。

別記様式第五（第22条関係）　　　　（表）　　　　　　　　　　（A4）

不動産鑑定士登録申請書

　私は、不動産鑑定士の登録を受けたいので、不動産の鑑定評価に関する法律第17条の規定により別紙資格を証する書面を添えて登録の申請をします。

　　○○年　○月　○日

　　　　　　　　　　　申請者氏名　　甲野　太朗　　　　㊞
　　　　　　　　　　　　Tel：○○-○○○○-○○○○

　___○○___地方整備局長　殿

ふりがな 名　　前	こうの　たろう 甲野　太朗		性　別	男・女
			生年月日	昭和○○年 ○月 ○日
本　　籍	○○県○○市○○町○丁目○番○号			
現住所	東京都○○区○丁目○番○号			
不動産 鑑定業者 の事務所	業務に従事する事務所		不動産鑑定業者 の名称又は商号	
	名　称	所在地		
	○○不動産 鑑定株式会社 本店	東京都○○区 ○○○ 1-2-3	○○不動産鑑定 株式会社	
試　　験	名　称	合格年月	合格証書番号	
	試験	○○年 ○月	第 ○○○○ 号	

備考
1．「性別」欄は、該当する文字を○で囲むこと。
2．「試験」欄は、当該登録申請の資格となった試験について記入すること。
3．「宛名」欄の下線部は、管轄する地方名を記入すること。

（出所）国土交通省ホームページ掲載資料に加筆

令和3年1月1日現在

区分	不動産鑑定士		不動産鑑定士補		不動産鑑定士・不動産鑑定士補 全国割合	不動産鑑定業者		知事登録	従事務所	不動産鑑定業者（従事務所含む）全国割合
	人数	うち女性	人数	うち女性		大臣登録	従事務所			
北海道	140	8	8	2	1.53	0	3	81	1	2.56
青　森	24	2	2		0.27	0	0	16	0	0.48
岩　手	31	1	3		0.35	0	0	21	0	0.63
宮　城	91	5	7		1.02	0	4	42	0	1.38
秋　田	21	1	2		0.24	0	0	17	0	0.51
山　形	26	0	0		0.27	0	0	19	0	0.57
福　島	52	1	2		0.56	1	0	37	1	1.17
茨　城	94	5	17	1	1.15	0	1	56	1	1.75
栃　木	60	2	9		0.72	0	1	43	0	1.32
群　馬	61	4	3		0.66	0	2	36	0	1.14
埼　玉	566	35	84	7	6.74	4	4	143	4	4.67
千　葉	655	38	108	4	7.91	0	8	153	0	4.85
東　京	2,565	267	393	29	30.67	44	18	750	4	24.56
神奈川	906	52	135	7	10.79	1	8	215	0	6.74
新　潟	60	2	5		0.67	1	0	47	0	1.44
富　山	28	1	1		0.30	0	0	18	0	0.54
石　川	30	2	2		0.33	0	0	27	0	0.81
福　井	22	4	0		0.23	0	0	13	0	0.39
山　梨	28	1	2		0.31	0	1	22	0	0.69
長　野	68	4	7		0.78	0	3	37	0	1.20
岐　阜	75	4	5	1	0.83	0	2	41	0	1.29
静　岡	117	4	6		1.28	0	1	71	0	2.17
愛　知	316	22	67	3	3.97	8	7	137	2	4.64
三　重	70	2	5	1	0.78	0	2	40	0	1.26
滋　賀	57	6	2		0.61	0	0	39	0	1.17
京　都	165	13	24	3	1.96	1	2	62	0	1.96
大　阪	653	53	131	9	8.13	12	1	258	1	8.19
兵　庫	382	31	64	7	4.62	0	4	119	0	3.70
奈　良	127	5	22	1	1.54	0	3	26	0	0.87
和歌山	41	2	3		0.46	0	0	29	0	0.87
鳥　取	18	0	2		0.21	0	0	13	0	0.39
島　根	18	0	2		0.21	0	0	15	0	0.45
岡　山	61	1	6		0.70	0	0	49	1	1.51
広　島	103	3	13		1.20	0	2	61	1	1.93
山　口	45	3	5		0.52	0	0	25	0	0.75
徳　島	28	2	2		0.31	0	1	21	0	0.66
香　川	41	3	4		0.47	1	1	23	0	0.75
愛　媛	49	1	1		0.52	0	0	36	0	1.08
高　知	23	2	0		0.24	0	0	17	0	0.51
福　岡	244	12	25	1	2.79	2	5	104	2	3.40
佐　賀	25	3	0		0.26	0	1	14	0	0.45
長　崎	38	2	4		0.44	0	0	27	1	0.84
熊　本	58	4	5	1	0.65	0	0	27	0	0.81
大　分	41	7	5	1	0.48	0	0	26	0	0.78
宮　崎	29	1	1		0.31	0	0	19	0	0.57
鹿児島	44	1	1		0.47	0	0	23	0	0.69
沖　縄	50	2	5		0.57	0	1	26	1	0.84
計	8,446	624	1,200	78	9,646	75	86	3,141	20	3,322

（出所）国土交通省ホームページ掲載資料

筆者の受験の頃

年月の経つのは早いもので、あと数年もすれば筆者が当時の不動産鑑定士２次試験を受験してから半世紀を迎えてしまいます。当時と今では試験制度も異なり（当時は、１次試験から３次試験までありました）、また、各人の置かれた受験環境も大きく異なっていたため、（同じ職場で多数の人が受験する場合は別として）一人では何をどのようにして勉強すればよいのか迷っていたというのが正直な感想です。さらに、不動産鑑定士受験者を意識したテキストや参考書も非常に少なかったと記憶しています。

当時、専門学校もいくつかありましたが、授業は平日の夕方から夜間で、残業の多かった筆者にとっては通う時間もなく、しかも、不動産鑑定業とは直接関係のない業務に就いていましたから、受験仲間もおりませんでした。そのため、ほとんどの科目を独学で通し、これを補足する意味で、講義内容を収録したカセットテープを購入したり、日曜答練のみ参加するなど可能な限りの準備はしました。

このような形で試行錯誤を繰り返しながら、最初の登竜門である２次試験に合格し、（その後、鑑定実務経験を積むまでに空白期間もありましたが）、無事に最後の３次試験を乗り越えて不動産鑑定士の登録を終了させることができました。

鑑定実務に就いてから、ある会合や研修会で、当時の日曜答練で指導いただいた先生と同席したり、お話しする機会を持てた時には、今まで存在した距離感が急に縮まったような思いがして嬉しくなったこともあります。業務に携わってしまえば受験に苦労して専念した時のことは忘れがちとなりますが、誰でも同じ道をたどってスタート台に到達したのだと思えば、実務経験の長短の違いはあれ目指す方向は一つであると実感しました。

第 3 章

不動産鑑定士の業務の類型

本章では、不動産鑑定士の業務の類型、すなわち不動産鑑定士が行う鑑定評価の仕事が、依頼者（発注者）別にとらえた場合や、評価の対象や目的、物件の規模、用途等の面からとらえた場合でどのように区分されるかを述べていきます。

　それぞれの項目に目を通すことにより、不動産鑑定士の仕事のPR先（営業先）、鑑定評価が必要となる場合の具体例（仕事の発生ニーズ）、仕事の対象や業務量の大小、対象不動産の用途や権利形態が異なるごとに評価手法も異なることの難しさ等をはじめ、鑑定評価に対するイメージが少し読み取れるでしょう。

　個々の内容について詳細を述べていけば、それこそ専門的な話も交えた分量の多いものとなるため、以下、おおまかな内容をつかんでもらえる範囲で紹介をしておきます。

1 | 依頼者（発注先）との関連からとらえた場合

　不動産鑑定士の仕事の依頼者（発注先）は、大きく分けて官公庁（裁判所も広い意味でこれに含める場合もあります）と民間（個人および法人）になります。

1 官公庁からの依頼

　官公庁の場合、それぞれ依頼する鑑定評価の内容や目的により、依頼元も異なってきます。また、官公庁が不動産鑑定士に鑑定評価を依頼する主なケースとしては、以下のものが挙げられます。

（1）　地価公示・地価調査

　地価公示とは、地価公示法に基づいて、国土交通省土地鑑定委員会が、適正な地価の形成に寄与するために、毎年1月1日時点における標準地（その地域における土地面積、形状、道路付けが標準的な土地を指します。**図表1**にイメージを掲げます）の正常な価格を例年3月下旬に公示するものです。そして、公示価格は一般の土地の取引に対して指標を与えることが主な役割りとされていますが、固定資産税の評価額や相続税の路線価を決定する際にも、その基として広く活用されています。

　地価公示は、不動産鑑定士が携わる公的評価の仕事としては最も基本的で、

図表1 標準地のイメージ図

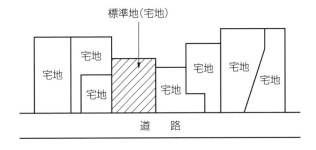

全国にわたり実施されています。地価公示に携わる不動産鑑定士は、例年、全国で2千数百名位であり、地価公示の標準地の地点数は全国で約 26,000 地点となっています。

　なお、全国の地価公示の結果は官報や国土交通省ホームページで発表されます。

　図表2 は、国土交通省ホームページに掲載された地価公示の標準地の一例ですが、年々このような価格を判定するために不動産鑑定士が作業に参画しているといえます。

図表2 地価公示の標準地の一例

標準地番号	中央 5-1
所在及び地番	東京都中央区銀座 2 丁目 213 番 14
住居表示	銀座 2-16-12
調査基準日	令和 3 年 1 月 1 日
価格（円/m²）	3,180,000（円/m²）
地積（m²）	340（m²）
形状（間口：奥行き）	(1.0：2.0)
利用区分、構造	建物などの敷地、SRC（鉄骨鉄筋コンクリート造）8F　B1
利用現況	店舗兼事務所
周辺の土地の利用現況	中高層の店舗、事務所ビルが多い商業地域
前面道路の状況	南西　5.0ｍ　区道
その他の接面道路	北西　側道
給排水等状況	ガス　・　水道　・　下水
交通施設、距離	東銀座、230ｍ
用途区分、高度地区、防火・準防火	商業地域、防火地域
森林法、公園法、自然環境等	
建ぺい率（％）、容積率（％）	80（％）　600（％）
都市計画区域区分	市街化区域

（出所）国土交通省ホームページ掲載資料

次に、地価調査ですが、これは国土利用計画法施行令（第9条）に基づき、都道府県知事が、毎年7月1日時点における基準地の価格を判定するものです。なお、地価調査の地点は基本的には地価公示の地点と異なるため、これらを区別する意味で地価調査では基準地という用語を使用していますが、その作業に参画するのも不動産鑑定士であり、評価に用いる手法も地価公示と相違はありません。

なお、地価調査の結果は、都道府県の発表（広報等の媒体やホームページ等）に合わせて国土交通省が全国の状況をとりまとめて公表しています（同省ホームページ等）。また、基準地の地点数は例年2万1千強であり、国土交通省（土地鑑定委員会）が実施する地価公示（毎年1月1日時点の調査）と調査時期、調査地点において相互に補完的な関係にあります（国土交通省ホームページに掲載されている地価調査の基準地の様式も地価公示の様式に準じているため、省略します）。

（2） 課税のための評価

現在、全国の各市町村が土地に対して固定資産税を課税する際、公示価格を基にして課税のための評価額を決定していますが、公示地点には限りがあるため、これを補完する意味で評価地点を追加して設けています。その鑑定評価にも不動産鑑定士が携わっています。

また、税務署が相続税を課税する際、路線価を附設して評価額の計算の基礎としていますが、その路線価を決める際にも不動産鑑定士の鑑定評価が活用されています。

図表3 に相続税の路線価図の一例を掲げます。ここでは、道路に数字が記載されていますが、この数字は1m²当たりの価格（千円単位）を表します。このような路線価図を作成するに当たっても、その背景に不動産鑑定士の登場場面があるわけです。

図表3 相続税の路線価図の一例

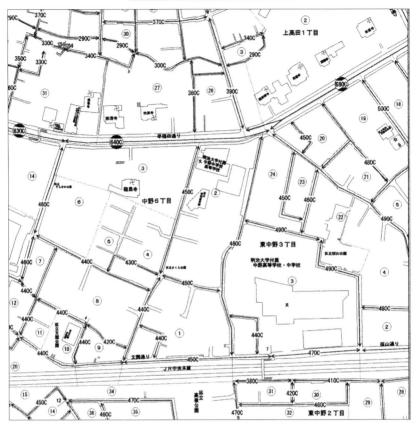

（出所）国税庁ホームページ掲載資料（令和3年度分）

（3） その他の公的な評価依頼

　不動産鑑定士の携わる公的な仕事は上記以外にも様々なものがあります。例えば、国や県または市町村が道路用地等の公共用地を買収する際の適正価格の鑑定評価、公売、公有財産の払下げのための鑑定評価、公共事業の実施に伴う立退き補償のための鑑定評価などがあります。このように、不動産鑑定士の仕事は幅広いといえます。

2 裁判所からの依頼

不動産鑑定士が専門性を発揮する仕事として、裁判所からの依頼に応じた鑑定評価があります。ただし、不動産鑑定士の資格を有していれば誰にでも依頼が来るというわけではなく、該当裁判所が定める一定の要件に該当し、その登録を済ませていることが必要です（裁判所に登録している不動産鑑定士のなかから該当案件の評価人候補を選定するという仕組みです）。

裁判上、鑑定評価が登場する場面には様々なものがありますが、賃料改定に伴って提起された訴訟において適正な賃料額を鑑定評価するもの、その前の調停段階において参考とされるもの等が典型例といえるでしょう。また、昨今では共有不動産の分割や相続後の不動産の分割方法をめぐって訴訟が提起されるケースが増えていますが、これらの問題解決のための検討資料として鑑定評価書が活用されています。

さらに、競売に伴う鑑定評価（最低落札価格の決定のため）も不動産鑑定士の登場舞台ですが、これを行うためにはやはり競売評価人として各裁判所に登録を済ませていることが前提条件といえます。

3 民間からの依頼

不動産鑑定士の仕事として最もバラエティに富むものが民間からの依頼です。

まず、法人の依頼者としては、一般企業、金融機関、組合等が想定されます。そして、特に法人の場合、鑑定評価を必要とする動機には後ほど述べるように様々なものがあります。

また、法人からの依頼に比べれば数は少ないと思われますが、個人から依頼を受ける場合もあります。例えば、相続が発生した後に相続人間で遺産分割をする際に、土地をどのような区画に分割すればよいか、区画ごとの評価額はいくら位か、だれがどの区画を取得するか等をめぐって話し合いがつかない場合があります。あるいは、相続人間で争いごとにはならないにしても、不動産を分割してそれぞれを配分するためには不動産の評価という問題を避けて通るわけにはいきません。一般の個人がこのような問題に取り組むには限界がありま

す。ここに不動産鑑定士の登場場面があるといえます。

　ちなみに、個人からの依頼の場合、本人からストレートに不動産鑑定士に依頼があるというよりは、税理士、弁護士といった他士業を介してという方が多いようです。

　以上述べてきたことを整理する意味で、図表4に鑑定業務の依頼者別類型のイメージ図を掲げておきます。

図表4 鑑定評価の依頼者

```
  官公庁          裁判所

組合等  →  不動産鑑定士  ←  金融機関

  個人      他士業      民間企業
```

2 │ 何を評価するかという観点からとらえた場合

　不動産を評価するといっても、目に見える物理的なものの価格だけでなく、目に見えない権利や利益もその対象となることがあります。例えば、ある人が長年借地をしている場合、その権利の価値が時価にしていくら位あるかを評価して欲しいという依頼です。

　また、地代や家賃は、その対象は物理的に定まっているものの、「借りる」というサービスに対する対価ですから、目に見えない性格のものです。

　このように、不動産鑑定士の業務類型は多岐にわたります。それだけ奥が深く、法律・経済・会計・経営・建築・土木等の基礎知識が必要となります。

　さらに、評価の対象とする権利によっては裁判例に集約された最大公約数的な割合を用いて、その価格を求めざるを得ないケースも生じます。

　その意味で、不動産鑑定士は主要な裁判例に目を通しておくなど、法律的な側面からの研鑽も必要となります。

3 | 評価の目的からとらえた場合

　ここでは主に法人（民間の一般企業）からの依頼を前提にとらえてみます。

　専門的な話は別として、法人が鑑定評価を依頼してくる動機のうち多いものが、保有資産の売却（あるいは資産の購入）に先立つ適正価格の鑑定評価です。次に、従前から賃貸している不動産の賃料改定をする際の適正賃料についての鑑定評価も多いといえます。

　この他、会計上で時価評価が必要となった場合（例：取得価額（簿価）に比べて実勢価額がどれ位となっているかを把握し、大幅に下落している場合は損失処理をする等）、金融機関への担保提供、不動産の交換、新規の賃貸借（土地・建物）等の検討の際に鑑定評価へのニーズが生じます。さらに、昨今、不動産の証券化も多く行われており、その際には鑑定評価が必要とされています。

　図表5は、評価の目的からとらえた場合の鑑定業務の類型を集約したものです。このように、鑑定評価が必要とされる背景は実に幅広いといえます。

図表5 鑑定評価の依頼目的

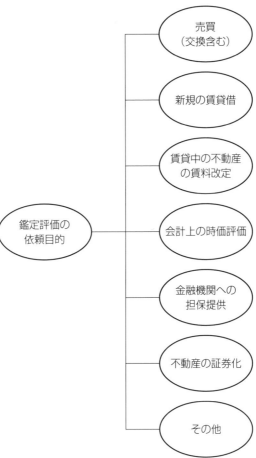

4 物件の規模からとらえた場合

　鑑定評価の対象となる物件の規模は様々です。どちらかといえば、戸建住宅（敷地を含みます）やマンションの一部屋のように規模の小さな物件は、分譲広告や仲介業者のホームページ等でその地域の売買相場が把握できることが多く、鑑定評価の対象となるケースは少ない傾向にあります。

　これに対して、規模の大きな物件（オフィスビル１棟、マンション１棟、大型店舗、大工場等）は相場そのものを把握することが難しい場合が多く、不動産鑑定士への鑑定ニーズが発生します。また、鑑定報酬という面からとらえた場合、一般的にみて、規模の大きな物件の方が小さな物件に比べて報酬が高くなる傾向にあります。

　規模の点からみた鑑定業務の類型イメージを **図表6** に掲げます。

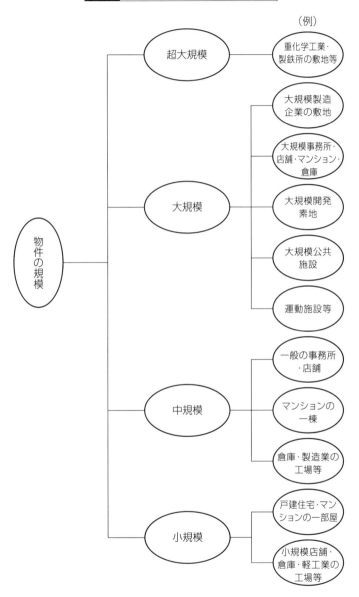

図表6 不動産鑑定士が扱う物件の規模

（例）

- 超大規模 — 重化学工業・製鉄所の敷地等
- 大規模
  - 大規模製造企業の敷地
  - 大規模事務所・店舗・マンション・倉庫
  - 大規模開発素地
  - 大規模公共施設
  - 運動施設等
- 中規模
  - 一般の事務所・店舗
  - マンションの一棟
  - 倉庫・製造業の工場等
- 小規模
  - 戸建住宅・マンションの一部屋
  - 小規模店舗・倉庫・軽工業の工場等

物件の規模

5 | 物件の用途からとらえた場合

不動産鑑定士が評価する物件の用途も様々です。

現在、居宅（戸建住宅・アパート・マンション等）として使用しているものもあれば、事務所（オフィスビル・中小規模の事務所・居宅兼事務所等）、店舗（百貨店・量販店・日用品販売店舗・娯楽店舗等）として使用しているものもあります。さらに、工場（軽工業から重厚長大産業まで）、倉庫（一般倉庫から大規模物流施設まで）、娯楽施設・スポーツ施設等に至るまであらゆる形態があります。

このほか、更地のまま未利用となっている土地、駐車場として使用されている土地も含めれば、ありとあらゆるケースについて不動産鑑定士の評価ニーズが潜んでいるといえます。

そのため、晴れて不動産鑑定士となった場合には、どのような案件を依頼されても的確に処理できるよう、日頃からの研鑽が求められているわけです。

6 | 不動産鑑定士が鑑定評価を行う案件の種類

　今までの説明で、不動産鑑定士の鑑定評価の対象とする物件の形態が様々であることが、何となくつかめたのではないでしょうか。このように多岐にわたる案件を、単なる経験のみ、あるいは感覚のみで評価することはできません。そこには客観的かつ科学的な基準が必要となります。これが不動産鑑定評価基準であり、当初に設定されたのは昭和39年3月のことです。

　もちろん、わが国における鑑定評価の歴史は古く、それまでも公共用地の取得や金融機関における担保評価等を中心に鑑定業務が行われてきました。しかし、その考え方や手法は個々の実務に委ねられており、社会一般に共通する評価基準が存在しないことが大きな問題点として指摘されていました。そのため、昭和39年3月、当初基準が設定されて以来、追加して答申が行われ、不動産鑑定士の鑑定評価の拠り所として機能してきました。

　このように、不動産鑑定士が鑑定評価を行う際には、不動産鑑定評価基準に則って実施することになりますが、この基準では、土地を宅地・農地・林地等に区分してそれぞれの種別に対応した評価の規定を置いています。また、宅地については、さらに住宅地・商業地・工業地に区分して、それぞれの価格を形成する要因を把握していきます。

　さらに、宅地を評価する場合でも、その土地上に何もなく所有者がいつでも自由な形で建物を建築できるような状態を前提とする場合（更地の評価）もあれば、その宅地を他人が借りて建物を建てて利用していることを前提とする場合（借地権付）もあります。

　それだけでなく、建物とその敷地を一体で評価することも多く、その前提も、所有者が自ら使用しているケース、賃貸しているケース等いくつかに分かれます。

　以上をはじめ、不動産鑑定士が鑑定評価を行う案件の種類も千差万別であり（この他に賃料もあります）、それぞれに応じた不動産鑑定評価基準の規定を十分に理解した上で業務に携わることが求められています（**図表7**）。

図表7 不動産鑑定士が鑑定評価を行う案件の種類（賃料は除く）

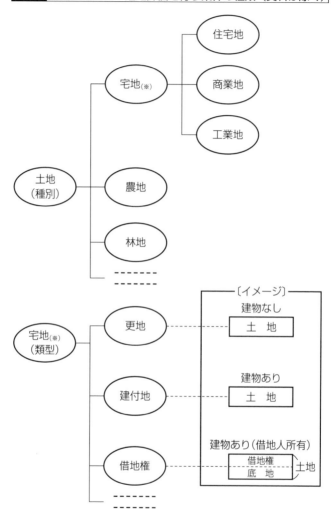

（※）不動産の鑑定評価では、土地を用途別に区別する（これを
「種別」と呼びます）際に、宅地、農地、林地……に分類
します。そして、このように区別されたものを、その形態
（物理的な面、権利的な面）からさらに区分していきます。
図表7 のなかに、宅地ということばが2回登場してくる
のはこのためです。

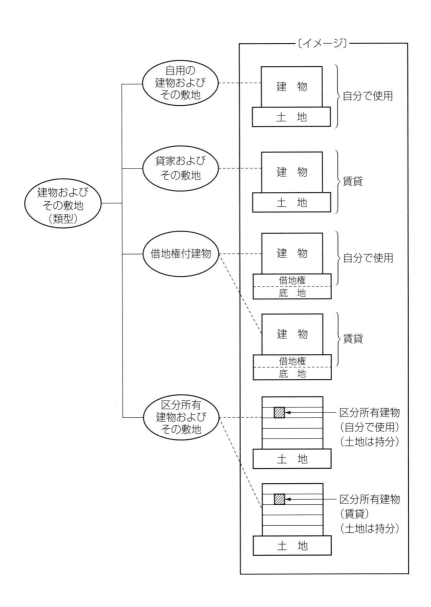

不動産鑑定士資格を志した動機

　筆者は受験当時、不動産鑑定業とは直接関係のない仕事をしており、業務上の必要から受験をしたわけでもありません。単に興味があったからというだけでは、準備が大変なこの試験に耐えられる動機とはならないでしょう。

　不動産鑑定士になった後、人から「直接関係のない業界にいて、何故不動産鑑定士の資格を取られたのですか」とよく尋ねられます。当時のことを思い出せば、動機の根底には確かに試験科目に対する興味があったことは事実です。しかし、それだけでは試験勉強は長続きしません。筆者をこの準備に駆り立てた原動力は、入社数年目に、1つの道の専門家になりたいという気持ちがどこからか強くこみ上げてきたことです。

　当時は、スペシャリストよりもゼネラリストの方が重視されていましたので、「会社から頼まれたわけでもないのに何でわざわざ」という見方が強かったと思います。しかし、思い込んだら一途にという筆者元来の性格のためか、気が変わらないうちに参考書を購入し、分からないながらも読み進めました。独学のため、特に民法などは試験と関係のない箇所にも多くの時間を費やしてしまった記憶があります（資格取得後、これが結果的に無駄ではなかったと実感した経験もありますが）。以上述べた理由の他に、将来何かあった時に必ず役に立つのではという漠然とした期待もありました。

　当時の筆者の職場は不動産鑑定業とは直接関係のない仕事とはいいつつも、会社が保有する多くの土地建物の資産管理を主としていましたので、試験のために蓄積した知識を間接的ながらも活かすことができました。その後、不動産鑑定業務に直接携わる環境に身を置く機会が訪れ、現在に至っています。

　不動産鑑定士を志す動機は人により様々ですが、取得した以上は、鑑定実務に携わると携わらないとにかかわらず、何らかの形でその知識経験を活かせるよう自己研鑽を重ねていくことが求められます。その結果が、今日のように何が起きるか予測のつかない時代の強力な武器になることは間違いありません。

第 4 章

不動産鑑定士の仕事は
奥が深く面白い

1 | 不動産鑑定士の仕事は奥が深い

1 物件の規模に関係なく求められる念入りな調査

　前章までの説明で何となくイメージがつかめたことと思いますが、不動産鑑定士が扱う案件のスケールは大から小まで実に様々です。以前、商社の仕事が「ラーメンからミサイルまで」と比喩された時代がありましたが、このことは不動産鑑定士の仕事にも共通するものがあります。

　もちろん、1人の不動産鑑定士がスケールの大きな物件から小さな物件まですべて評価しているとは限りません。それは、仕事の依頼を受ける客先が個人か法人かによって異なるだけでなく、依頼先が法人の場合でもその法人の所有する資産の規模によっても大きく左右されるからです。

　しかし、不動産鑑定士の仕事として気を抜けない点は、物件の規模に関係なく調査は念入りに行う必要があるということです。例えば、事実関係に関わる調査で筆者が経験した例としては、崖地の境界は通常は崖（斜面）の下にあるところ、これが崖の上にあったという特殊なケースがありました。どうして通常崖の下に境界があるかはこれから述べることとしますが、十分な確認をせず先入観に基づいて評価を行うと大きな誤りを犯しかねない一例です。

○崖地の境界はどこにあるか

　不動産鑑定士が土地の評価を行う場合、現地に出向いて、その土地の境界はどこにあるのか、すなわち隣の土地との境を確認します。それが、例えば民家と民家の境であったり、民家と道路との境であったりします。その多くは平坦な土地同士の境界を確認することになりますが、なかには隣の土地が崖地というケースもあります。

　崖地の場合、隣地との境界を現地で確認しようとしても、思った以上にことが運ばないケースが多いといえます。もちろん、崖地と隣地との間にコンク

リート杭のような境界標識が存在すれば別ですが、往々にしてこのような標識が見つからない場合が多くあります。また、隣接土地所有者同士で「境界確認書」のようなものを取り交わしていないこともしばしばあります。

それでは、**図表1**のような崖地の場合、境界は斜面の上にあると考えればよいでしょうか。それとも斜面の下にあると考えてよいでしょうか。

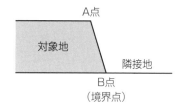

図表1 崖地の境界はどこか

当事者間の合意によって取り決められている場合は別として、一般的には斜面の下にあると考えた方が合理的だといえます。

これを根拠付けるものとして、古い資料ですが、明治時代（地租改正時）に定められた「崖地処分規則」に重要な拠り所を見出すことができます。ここには、崖部分は高台の土地に帰属するとの規定が置かれています（下線は筆者によります）。

> **【崖地処分規則】**（明治10年2月8日地租改正事務局別報第69号達）
>
> 第1条　凡ソ甲乙両地ノ中間ニ在ル崖地ハ上層ノ所属トスヘシ其従来ヨリ
> 　　　下底所属ノ確証アルモノハ旧慣ノ儘ニ据置クヘシ
>
> 第3条　従前ヨリ崖地半腹ヲ以テ境界トセルモノハ上条ニ照準シ実況ニ応
> 　　　シ各個ニ処分スヘシ

このような定めが置かれた理由は、当時、年貢の納め方を「米による物納」から「地価を基準にした金納」に変更する地租改正の趣旨に則り、土地所有者を明らかにしておく必要があったためであるといわれています。そして、上記の考え方が採用されたのも、もし崖地の上（**図表1**のA点）に境界があると

すれば、崖下の土地所有者が崖を削った場合に崖崩れの原因ともなるという点に根拠を置いているようです。

通常はこのような見方をしていますが、これがすべてといい切れないところに落とし穴があります。

筆者は、過去に特殊な例として、造成地で斜面の上に境界があるというケースに出会ったことがあります。このケースでは、従前の状況は **図表2** のように、崖地が隣接地と隣接地とに挟まれた中間部分にありましたが、ここの部分を造成して **図表3** のような擁壁を設置しています。この例では、境界は依然として元のままであり、斜面の上に存在しています。この境界の真下はそれこそ急傾斜の斜面ですが、強固な擁壁が設置されており、崖崩れの心配はまずなさそうな土地です。

参考までに、境界標識の一例（境界杭）を **図表4** に掲げておきます

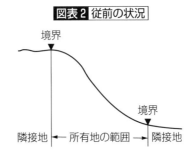

図表2 従前の状況

境界
境界
隣接地 ← 所有地の範囲 → 隣接地

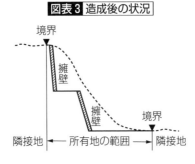

図表3 造成後の状況

境界
擁壁
擁壁
境界
隣接地 ← 所有地の範囲 → 隣接地

図表4 境界標識

(**図表1** から **図表3** までの土地とは直接の関係はありません)。

　以上のように、境界の定めに関して、その土地特有のケースがあることも事実です。

　崖地の境界に関する先入観から、境界はすべて斜面の下にあると思い込んで評価をした後に、実はその位置が間違っていたことが判明すれば、ストレートに鑑定評価額の誤りにつながります。なぜならば、鑑定評価額は単価に土地面積を乗じて決定されますが、いくら単価の部分を綿密に求めても、土地面積が誤っていれば致命傷となるからです。

　不動産鑑定士の仕事はこのような意味でも奥が深いといえます。いくら理論的に立派なことが言えても、実践が伴わなければ不動産鑑定士として一人前とはみなされないところにも難しさが潜んでいます。

今なぜ地租改正か？

　不動産鑑定士が鑑定評価を行っていく上で、誰でもがまず先に確認する面積は登記簿の面積です。登記簿は、そこに記載している内容を権利者が他人に主張することのできる手段となっていますが、そのなかには当然のことながら土地の所在や地番、面積が記載されています。ここに記載された面積を登記簿面積と呼んでいますが、その元をたどれば地租改正に行き着きます。

　地租改正により、地租の徴収が収穫高から地価を基準とした金納制に改められたことから、地価算定の基準とすべき面積について正確なものが求められました。しかし、当時、土地所有者が自分で測って申告したこと、しかも課税目的であることも手伝って過少申告が行われたという経緯があるようです。この面積が課税の基礎となり、その後、法務局に引き継がれて登記簿の面積となっていることから、改めて測量した場合は登記簿面積を上回るケースが多いのも事実です。ただし、未だ測量が行われていない土地を鑑定評価する場合は登記簿の面積を採用しているのが通常です。

　現在、パソコンを活用して記載文章だけでなく、表計算や図表の作成等に至るまで効率化が進んでいますが、その裏には以上述べたことを例として、不動産に係る過去の長い経緯が潜んでいることは誠に興味深い事実です。不動産の奥の深さを感じさせられます。

2　古地図等の調査もしばしば

　不動産の鑑定を行っていく上で不動産鑑定士が調査する資料のなかには、今となっては古典的な扱いを受けてもよいようなものがあります。例えば、昭和初期、昭和の半ば、昭和の後半の住宅地図（土地の利用状況を区画ごとに表した地図）などがこれに該当します。

　なぜこのような資料を調査するかですが、これは土壌汚染の問題としばしば関連してきます。昨今、土壌汚染の問題が社会的にも大きく取り上げられていますが、不動産鑑定士が評価しようとしている土地が汚染物質の影響を受けた

土地であるか否かは、評価額を大きく左右します。もちろん、最終的にはその土壌を掘削するなどして詳細な調査を行わなければ断定的な結論は導き出せませんが、少なくとも不動産鑑定士の調査の段階では、過去に土壌汚染の可能性の低い建物が建っていたのか、その可能性のある建物が建っていたのかを、利用履歴を基に見極めておく必要があります。そのために、古地図を調査するわけです。

　ちなみに、古地図を見ると、土地の区画ごとにそれらがどのような用途で利用されていたかをある程度読み取ることができます（住宅・店舗・事務所・工場・倉庫・駐車場等）。例えば、過去長期間にわたって工場の敷地として利用されてきた場合（なかでも、化学工業のように油を多く使用する工場など）は汚染物質の存在する可能性が高く、住宅（戸建住宅・共同住宅等）の敷地であればその可能性は低いという推測がつきます（**図表5**）。

図表5 過去の利用履歴

過去の利用履歴	土壌汚染の可能性(※)
戸建住宅	低い
共同住宅	低い
店舗・事務所	低い
工場	あり

（※）可能性の程度を示すものであり、確定的なものではありません。

　このような理由で、古い資料を調査することも不動産鑑定士の作業の1つとして欠かせないものとなっています。そして、このような調査は、その土地の所在する市町村の図書館等に出向いて行っているのが通常です（東京都では、国会図書館に全国各市町村の古地図が備え付けられているため、ここで調査することも可能です）。

　ここでは専門的な内容には立ち入りませんが、不動産鑑定士が調査する古い資料のなかには法務局と呼ばれる登記事務をつかさどる国の機関で管理されている登記簿で、記載事項が古くなり倉庫に保管されている簿冊（閉鎖登記簿と

呼ばれます）も含まれます。これを遡って調べることにより、その土地や建物を過去に誰が所有していたのかが判明します（所有者が会社であった場合、社名から汚染物質の使用に関係のありそうな業種かどうかが推測できることもあります）。

　なお、このような調査を行う場合は、その土地の所在地を管轄する法務局（例えば、○○県の○○市であれば、○○県の○○法務局）にて、必要事項を申請書に記入して閉鎖登記簿謄本等を入手の上、確認することになります。

　不動産鑑定士が地方案件の鑑定依頼を受けた場合、出張先の法務局に出向いて上記のような調査を行うことも必要であり、評価作業以外の経験を積むことも求められます。

3　土地価格の不思議 ――「1＋1＝2」がすべてではない

　土地の価格は不思議なもので、必ずしも「1＋1＝2」となるとは限りません。これが不合理なものかといえばそうでない点に不動産鑑定士の仕事の奥深さがあります。そして、このような単純な計算式では割り切れないケースがあることを鑑定評価の依頼者にわかりやすく説明することも不動産鑑定士の重要な役割の1つです。

　常識からすれば、計算間違いでもしない限り、「1＋1」の結果は「2」となる（＝2とならなければならない）はずですが、不動産の鑑定評価においては必ずしもそのようになるとは限らず、しかも、そのようにならないことに合理性が認められるケースがあります。

　例えば、一般の商品であれば大量生産が行われ、1つ1つの商品は規格品となり、単純な計算式どおり、「1個当たり○○○円×何個」という具合に金額が計算されます。

　しかし、不動産（特に土地）の場合、それぞれ形状が異なったり、道路付けも異なるため、個々の土地を併合して一体化した結果、従前よりも形状が良くなったり、反対に悪くなることも起こり得ます。道路付けに関しても同様のことがいえます。

　このことが、今までの状態の土地をそれぞれ単独で評価した金額を合計した

結果と、一体として評価した金額が一致しないという結果をもたらす要因となるわけです。

（1） 形状との関係

　個々の土地を併合して一体化した結果、今までよりも形状が良くなったり、反対に悪くなる場合があります。

① 形状が良くなる場合

　図表6 のケースでは、A地はもともと整形な土地ですが、B地は不整形地です。しかも、B地は入口（間口）も狭く、道路からの細長い部分は通路でしか使用できません。

　この2つの土地を一体の土地とした場合（太枠の範囲）、B地を含む全体の土地が間口の広い整形地となり、全体が建物の敷地として有効に利用できることになります。このような場合、B地の価値はこれを単独で評価するよりも、一体地の一部分として評価した方が高くなります。すなわち、A土地とB土地を併合した一体地には今までの各土地の価値を単純に合計した以上の価値が生ずるため、「1＋1＝2」という計算式どおりとはならないといえます。

図表6

② 形状が悪くなる場合

　図表7 のケースでは、A地およびB地はもともと整形な土地です。この2つの土地を一体の土地とした場合（太枠の範囲）、全体の土地が鍵（かぎ）型の不整形地となり、整形地に比べれば建物のレイアウトをする上でやや使用勝手の劣る土地となってしまいます。

　このような場合、A地、B地をそれぞれ単独で評価して合計した金額よりも、一体地としてみた場合の金額の方が安くなります。すなわち、ここでも「1＋1＝2」という単純な計算式は成り立たない結果となります。

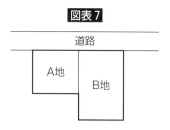

図表7

（2） 道路付けとの関係

　個々の土地を併合して一体化した結果、今までよりも道路付けが良くなったり、反対に悪くなる場合があります。**図表8**のケースは、A地は道路に一面が接する土地、B地は道路に二面が接する角地です。

図表8

　角地は、その上に建っている建物が住居であれば眺めが良く、快適度も増します。また、出入りの便も優るという利点があります。

　角地の上に店舗が建っている場合は、商品の陳列や宣伝効果にも優ります。また、商品の搬出入も何かと便利です。

　このような理由により、角地は道路に一面のみが接する土地に比べて価値が高くなる傾向にあります。

　図表8のA地をB地と併合して一体の土地とした場合（太枠の範囲）、全体の土地が角地となり、A地そのものの価値も高まる結果となります。このような場合、A地の価値は、A地を今までどおりの状態（＝道路に一面のみが接する土地として）単独で評価するよりも、併合後の一体地の一部分として評価した方が高くなります。

すなわち、この場合も「1＋1＝2」という単純な計算式は成り立たない結果となります。

（3）　正常価格と限定価格

専門的な内容には深く立ち入りませんが、不動産鑑定士が鑑定評価を行う拠り所となっている不動産鑑定評価基準では、**図表6** から **図表8** のＡ地、Ｂ地を単独で評価する場合の価格を正常価格、一体で評価する場合の価格を限定価格と呼んでいます。どちらも経済合理性を持つ価格としてとらえられています。

本書の読者が晴れて不動産鑑定士となった暁には、少なからずこのような案件の評価を経験することと思います。そして、実際に担当する案件がここで述べている限定価格を求めるものであれば、どうしてこのような割高な（あるいは割安な）価格であっても合理性を持つのかを依頼者が納得するように説明しなければなりません（不動産鑑定士の説明責任が問われます）。鑑定評価の奥深さを感じさせる一例です。

4　災害関連の知識も必要

東日本大震災や最近の大型台風による被害を契機として、不動産鑑定の分野でも従来以上にその影響を不動産の価格にどのように織り込むべきかの関心が高まっています。なかでも、急傾斜地崩壊危険区域や土砂災害警戒区域（土砂災害特別警戒区域を含みます）がニュースでもしばしば報道されています。

鑑定評価の対象地がこのような指定を受ける区域内にあれば、指定区域外にある土地と比べて価値が下がる傾向にあります。そのため、不動産鑑定士にはこれらに関する知識やものの見方が求められてきます。

以下、急傾斜地崩壊危険区域および土砂災害警戒区域（土砂災害特別警戒区域を含みます）のイメージのみ簡単に説明しておきます。

（1）　急傾斜地崩壊危険区域とは

急傾斜地崩壊危険区域とは、「急傾斜地の崩壊による災害の防止に関する法律」（いわゆる急傾斜地法）に基づき指定される区域です。

急傾斜地崩壊危険区域は以下のような区域を対象として指定されます。

ア　崩壊するおそれのある急傾斜地で、その崩壊により相当数の居住者その

他に危害が生ずるおそれのある区域

イ　これに隣接する土地のうち、当該急傾斜地の崩壊が助長され、または誘発されるおそれがないようにするため一定の行為の制限をする必要がある土地の区域

（2）　土砂災害（特別）警戒区域とは

　土砂災害（特別）警戒区域は、「土砂災害警戒区域等における土砂災害防止対策の推進に関する法律」（いわゆる土砂災害防止法）に基づき指定される区域です。

　土砂災害警戒区域および土砂災害特別警戒区域は以下のような区域を対象として指定されます。

① 　土砂災害警戒区域

　急傾斜地の崩壊等が発生した場合に、住民等の生命または身体に危害が生じるおそれがあると認められる区域

② 　土砂災害特別警戒区域

　急傾斜地の崩壊等が発生した場合に、建築物の損壊が生じ住民等の生命または身体に著しい危害が生ずるおそれがあると認められる区域

　特に、土砂災害特別警戒区域では、建築物の構造が規制されたり、特定の開発行為に対して許可が必要となるほか、都道府県知事による建築物の移転等の勧告（特別警戒区域から安全な区域への移動勧告）ができることになっています。さらに、移転等に対しては支援措置もあります。

　以上、災害に関連する法律とこれによる様々な制限が土地の価格に影響する背景を述べましたが、不動産鑑定士にはこれらを踏まえて評価に臨む姿勢が求められています。このような意味でも、不動産鑑定士の仕事は奥が深いといえます。

5　道路の調査で感じる鑑定評価の奥深さ

　道路は、日常、多くの人々によって無意識のうちに利用されていますが、鑑定評価を行う際には道路の調査は最も基本的かつ重要なものです。なぜかといえば、建築基準法では道路について厳格な定義を置き、そこで定義された要件に当てはまる道に敷地が接していなければ建物が建築できないとしているからです。

　いくら敷地が正方形で形が良くても、道路にまったく接していないか、接していても建築基準法の要件を満たす道に２ｍ以上接していなければ建物は建築できません。その結果、このような土地は通常に建物が建築できる土地に比べて価値が非常に低くなってしまいます（なかには例外的に認められるケースもありますが、説明の煩雑さを避けるためここでは対象外としておきます）。

　そこで、不動産鑑定士は調査に着手して間もなく、①対象地が道路に直接接しているか、②接している場合、その道路は建築基準法上の道路に当たるか、③道路の幅員は何メートルか、④その道路はどこに接続しているか等について注意を払いながら確認していきます（その土地の所在する市町村の道路課等の

窓口に出向いて調べます）。一般の人からすれば、なぜこのような調査をするのか疑問に感じるのではないでしょうか。

　このような調査を十分に行わずに評価した結果、例えば、日頃道路と呼んでいる場所が建築基準法上の道路として扱われていなかったことが後日判明すれば、その道に接する敷地には建物を建築できず、最初に求めた評価額が誤りであったということになりかねません。

　鑑定評価の案件は個々に異なるため、その都度手を抜かずに道路の調査を行わなければ致命的な結果を生ずるといっても過言ではないでしょう。

　ここでは、専門的な内容はともかくとして、建築基準法で道路と呼ぶ場合に、そのなかにどのような道が含まれるのかを以下に掲げておきます。

〈建築基準法上の道路〉

　建築基準法で道路として扱っているのは、次のいずれかに該当するもので、原則として幅員が４ｍ以上のものです。

① 　**道路法による道路**
　高速自動車国道・一般国道・都道府県道・市町村道等です。

② 　**都市計画法・土地区画整理法・都市再開発法等による道路**
　街づくりを行う際に整備した道路等がこれに該当します。

③ 　**建築基準法第３章の規定が適用されるに至った際、既に存在していた道**
　建築基準法第３章の規定が最初に適用されたのは昭和25年11月23日であり、これ以前から存在していた道が対象となります。

④ 　**道路法・都市計画法・土地区画整理法・都市再開発法等による新設または変更の事業計画のある道路で、２年以内にその事業が執行される予**

定のものとして特定行政庁が指定したもの

　やや専門的となってしまいますが、現に存在する道でなくても、道路を新設することなどが法律に基づき具体的な計画段階に至っているものについては、これも道路として取り扱われることになっています。はそのイメージ写真です。

⑤　土地を建築物の敷地として利用するため・道路法・都市計画法・土地区画整理法・都市再開発法等によらないで築造する政令で定める基準に該当する道で、これを築造しようとする者が特定行政庁からその位置の指定を受けたもの

　　これもやや難解な表現となっていますが、要は一般の人が設置した私道でも、一定の要件を満たすものは道路としての扱いを受けるという意味です。しばしば位置指定道路とも呼ばれています。

⑥　その他（省略）

　以上に述べてきた要件に該当する道が原則ですが、建築基準法では例外規定も設けています。すなわち、幅員が４ｍ未満であっても、建築基準法の規定が適用されるに至った際に建築物が建ち並んでいたという場合には、道路に該当

するとして扱っています。ただし、建替時には道路の中心線から 2 m 後退させなければなりません。

　この他にも例外規定はありますが、本書では割愛します。

COLUMN ⑤

道路の調査がこれほど重要だとは思わなかった！

　本文ではもっともなことを述べてきましたが、筆者も不動産鑑定士として駆け出しの頃、いくら道路の調査が重要だとはいわれても、正直「ピン」とはきませんでした。本文のなかでは述べませんでしたが、実は道路の幅員のいかんが、その敷地が使用できる容積率の大小に影響する場合があります（詳しくは建築基準法第52条を参照ください）。容積率とは、建築物の延べ面積（各階の床面積の合計）の敷地面積に対する割合を意味します。都市計画により地域ごとにその割合が指定されていますが、道路の幅員によっては、その割合どおり使用できないことがあります。その場合、土地の価格にも影響が出てくるわけで、これがわかった時にはじめて道路調査の重要性を認識した記憶が残っています。

6　以前建築できた規模の建物が建築できない ──当時は合法的であったが

　鑑定評価の対象物件のなかには、建築時点ではその当時の法令に準拠して 5 階建ての共同住宅を建てたものの、鑑定評価の依頼を受けた時点では、法令改正の影響で 2 階建ての戸建住宅しか建てられないというケースも実際にあります。このような建物はいわゆる「既存不適格建築物」とも呼ばれ、違反建築物とは区別されています。

　例えば、建築当初は、当該建物の存する地域で容積率が 200 ％に指定されていたものの、その後の用途見直し等の関係で容積率が 80 ％に変更になった場合がその一例です（その結果、現行の建物の容積率が法令の制限をオーバーした状態となっています）。なお、容積率とは、建築物の延面積の敷地面積に対する割合を意味し、そのイメージは **図表10** のとおりです。

図表10 容積率

$$容積率 = \frac{120m^2 + 120m^2}{120m^2} \times 100\%$$

$$= 200\%$$

（注）分子：床面積
　　　分母：土地面積

　しかし、現行法令に適合していないからといって直ちに是正しなければならないわけではなく、将来の建替時や増改築工事の際に適合させればよいこととされています。

　数多い建築物のなかにははじめから法令に違反した建築物もないとはいえませんが、不動産鑑定士が現状を調査した結果、現行法令の制限をオーバーしている建物に遭遇したとしても、早合点して違反建築物だと決めつけてしまえば不適切なケースもあり得るわけです。

　その意味で、このようなケースに該当する案件の調査に当たっては、市町村の建築課等の窓口を訪ね、過去の記録も調査して事実関係を確認することが重要です。

　建築基準法においても、既存不適格建築物については以下のとおり取り扱っています。

〈建築基準法〉

（適用の除外）

第3条

　2　この法律又はこれに基づく命令若しくは条例の規定の施行又は適用
　　　の際現に存する建築物若しくはその敷地又は現に建築、修繕若しくは
　　　模様替の工事中の建築物若しくはその敷地がこれらの規定に適合せず、

又はこれらの規定に適合しない部分を有する場合においては、当該建築物、建築物の敷地又は建築物若しくはその敷地の部分に対しては、当該規定は、適用しない。

（下線は筆者）

COLUMN ⑥

既存不適格建築物にも要注意──筆者の調査経験より

　筆者が過去に調査した案件のなかには次のような建物もありました。

　対象建物は、地方都市にあって法人が所有する2階建ての娯楽場で、昭和40年代の前半に建築され、規模も大きな建物でした。最近になりその土地の規制を調べたところ、対象建物の敷地には都市計画の内容からして中層の共同住宅の建築が可能でした。また、周囲一帯はほとんどが戸建住宅です。そのため、この建物は周囲の建物とは趣きを異にしていました。いわゆる既存不適格建築物の扱いを受けており、今後同じ用途や規模の建物は新たに建築できない状況にあったと記憶しています。

2 | 不動産鑑定士の仕事は面白い

　ここでは、不動産鑑定士の仕事には自分の事務所（あるいは所属する会社）のなかだけで行うデスクワークの他に、外仕事を含めて様々な場面があること、取り扱う案件も種類が多い（しかも全国にわたる）こと、1つの案件を最初から最後まで1人で担当できること等から生ずる仕事の面白さを紹介してみたいと思います。

1 仕事場は事務所だけではない ——現場に足を運び汗をかきはじめてわかる不動産評価

　案件を受け付けてからの仕事の流れは改めて別章で取り上げますが、以下、外仕事に属する一端を述べておきます。不動産鑑定士の仕事には事務所の外でもかなりの時間を割かなければ用が足りないことが多いといえます。

（1） 依頼者を訪ねて

　案件を受け付ける時には、不動産鑑定士が依頼者を訪れて案件の内容を把握し、鑑定評価に必要な資料の依頼をします。依頼者によっては不動産鑑定士の事務所（所属会社）に出向いてくることもあります。いずれにしても、直接お会いして必要事項を十分に確認しておくことが望ましいといえます（筆者が本書を執筆している時点では、あいにくコロナウイルス感染症が全国的に拡大傾向にあり、このような時期には電話・メール・WEB 等で打ち合わせをすることも止むを得ませんが）。最初の段階で依頼者と十分に打合せをしておくことは、その後の作業をスムーズに進める第一歩です。

　依頼者とアポイントを取り、訪ねる前に案件の所在・概要がある程度地図で把握できれば、行動スケジュールを組む際に的が絞れてくるでしょう。また、その案件が極めて急ぎなのか、日程的にやや余裕があるのか等を確認する意味でも、依頼者とのコンタクトは不可欠です。

（2） 市役所等を訪ねて

　不動産鑑定士の仕事において市役所等での調査は欠かせません。何をどのように調査するかについては別章でも述べますが、調査の主な目的は鑑定評価に必要な土地・建物等の利用規制を確認することにあります。現在、都市計画図のように、市町村役場のホームページに掲載されている資料も多いのですが、必要な資料がすべて掲載されているとは限りません。なかにはホームページを閲覧しただけでは判断し難いケースもあることから、筆者は直接市町村役場の窓口で確認することにしています。

　なお、市町村役場の所在する場所はその地方によって交通事情が異なります。例えば、最寄駅から徒歩で数分というところもあれば、バスや車で10分程度というところもあります。また、地方によっては最寄駅から車で30分位かかるものの、バス便がなくタクシーを呼んで行かざるを得ないということもあります。地方出張の際には、（特にレンタカー等を使用しない場合は）事前によく交通手段を調べておかなければその後の予定に大きく影響してきます。このように現地での移動手段に留意して行動する限り、市役所等の外回りも苦になるどころか楽しく感ずることも多いといえます。ただし、庁舎がいくつかに分かれている場合で、しかも、調べたい事項によっては窓口が別棟にあるということもしばしばありますので、やはり、事前に調査事項別に庁舎の位置を確認しておくことが無駄をなくす意味で望ましいといえます。

　ちなみに、筆者が市町村役場で調査に訪れる窓口は次のような部署です（担当課の名称は市町村によって様々であるため、一例です）。なお、カッコ内の項目は各担当部署で調査する内容ですが、ここでは専門的な内容には立ち入りません）。

○都市計画課（用途地域、建蔽率や容積率等の調査）

○建築課（建築確認がされているか否かの調査、建築物の接している道路
　が私道の場合にそれが建築基準法の定める道路に該当するか等）

○道路課（建築物の接している道路が市町村道か、これに該当する場合は
　幅員の調査）

○水道課（水道が供給されているか、水道管の管径の調査）

○下水道課（公共下道が供給されているか、下水道管の管径の調査）

○教育委員会の文化財課（埋蔵文化財包蔵地か否かの調査）

○環境関連課（政令指定都市の場合）（土壌汚染対策法に定める指定区域の調査）

COLUMN ⑦

同じ場所にまた戻った──役所調査でよくある話

　例えば、役所の9階で調査した後に、エレベーターで3階の次の部署に移動したら、その部署が9階の片隅に移動していたということもあります。再び元に戻るはめになりますが、役所調査でこれに似た経験をすることは決して珍しくありません。外回りをしているといろいろありますが、多少の無駄があっても仕事は楽しくこなしたいものです。

（3）　図書館・郷土館等を訪ねて

　不動産鑑定士が仕事で図書館や郷土館等を訪ねる場合というのは、本章の前段で述べたように古地図等を調査する場合です。古地図は、その土地の所在する市町村の図書館に備え付けられていることが多いのですが、市町村によっては郷土館のように別の場所に保管されていることもあります。

　このように、相当過去に遡ってその土地の利用状況を調査することも鑑定作業の一過程であり、歴史に興味のある方にとっては面白さを感じることでしょう。これを契機に、現地作業の終了した後に歴史博物館等に足を延ばし、その土地の歴史を研究することも一味違った新鮮味を感じさせます。

（4）　法務局を訪ねて

　現在、法務局が保有する登記情報をインターネットを通じてパソコン等の画面上で確認できる有料サービス（登記情報提供サービスといいます）を利用することにより、法務局に出向かなくても登記事項を確認することができます。現在どのような事項が登記されているかを確認するのであればこの方法で用が

足りますが、過去の土地所有者を遡って調査することになった場合、法務局に出向くか郵送で過去の記録（閉鎖登記簿謄本）を申請することが必要となります。そのため、出張時には合わせて法務局に出向くことが多いといえます。

　法務局の所在場所も、特に地方の場合は交通の便の良いところにあるとは限りません。レンタカーを手配しなければ効率的に移動できないことも多くあります。しかし、運転の好きな方にとっては、特に地方出張に出た場合、法務局への移動も楽しみの1つに変わることもあるのではないかと思います。

（5）　現地調査その1──対象物件と地域の状況を自分の目で見る

　事前資料の収集を終えていよいよ現地に向かうことになりますが、鑑定評価の仕事は現地調査を伴うところに面白さがあります。対象物件は1つ1つが異なっており、環境も異なるため飽きが生じるということはありません。しかし、それだけに気を抜くことはできません。それとともに、対象不動産の属する地域の環境も十分に把握しておく必要があります。

　そのためには写真を撮影したり、地域の状況も含めてできるだけ徒歩で確認する必要があります。ただし、これも時と場所を選ぶことが必要です。例えば、鑑定評価の依頼者に立ち会ってもらうとか、近隣環境に気を配ることも忘れてはなりません。

　現地調査時に、近隣に不審者が来ていると思われれば、鑑定評価の面白さも半減してしまいます。不動産鑑定士に求められるのは理論的・実務的な知識だけではないことも知っておく必要があります。

（6）　現地調査その2──公示地や取引事例地の調査も目で見て行う

　現地調査の際には、鑑定評価の対象物件だけでなく、公示価格の地点や実際に取引のあった土地（取引事例地）も可能な限り現地で確認します。**図表11**は、対象物件・公示地・取引事例地を1つの地図に印したものです。

　ここでは説明の便宜上、これらを近くにまとめてしまいましたが、公示地や取引事例地が対象物件からもっと離れた場所に存在することもしばしばです。

（7）　時には大学図書館等で判例調査も

　不動産鑑定士の仕事で賃料評価の依頼を受けた場合（特に、継続賃料といって、契約が継続している状態で賃料改定のための評価依頼を受けた場合）、最

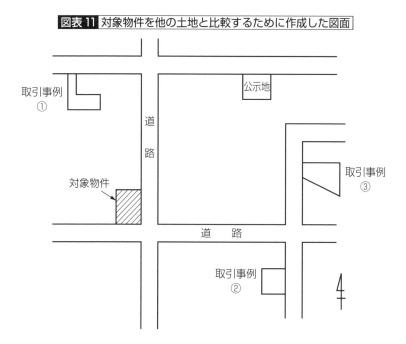

図表11 対象物件を他の土地と比較するために作成した図面

近の判例を調査することがよくあります。その場合、筆者はインターネット（裁判所 WEB）で検索するとともに、大学図書館等で判例の月刊誌を閲覧して最新の情報を収集するようにしています。賃料評価の場合、その多くが調停や訴訟と関連してくるため、判例の動向を把握することが有用と考えています。

　不動産鑑定士の仕事は、法律や判例に関心のある方にとっては専門知識を蓄積する意味でも有意義なものといえます。筆者は、不動産鑑定士として腕を磨く１つの手段として、事務所以外の場所も大いに活用しています。

（8）　他の不動産鑑定士との情報交換および個人的な勉強会等への参加

　筆者は、他の不動産鑑定士との情報交換および個人的な勉強会等への参加も、事務所以外の場所で仕事をする一環として活用しています。特に、個人的な勉強会は不動産鑑定士のつながりを深めるためにも有用です。

2　鑑定評価の案件は種類が多い

　不動産鑑定評価基準に沿って、鑑定評価で扱う案件を分類する場合は、種別と類型というとらえ方によって分類しています。

　ここで、不動産の種別とは、不動産の用途に関して区分される分類をいいます。例えば、地域の種別であれば、宅地地域・農地地域・林地地域等に分けられます。そして、宅地地域のなかで、住宅地域・商業地域・工業地域というようにさらに区分されます。

　次に、不動産の類型とは、その有形的利用および権利関係の態様に応じて区分される分類をいいます。例えば、宅地であれば、更地・建付地・借地権・底地・区分地上権等に分けられます。しかし、それぞれの用語の意味を不動産鑑定評価基準に沿って正確にとらえようとすれば、さらに細かな説明を加えなければ用が足りません。ここでは、それぞれの用語の意味を説明することが目的ではなく、鑑定評価の案件がバラェティに富むことを紹介することがねらいです。そのため、以下では、不動産鑑定評価基準の分類とは関係なく、日常用語を使用して案件の種類やその多様性について説明していきます。

　不動産鑑定士が経験する評価の案件は、その事務所がどのような得意先（発注先）からどのような種類の案件を依頼されるかによって左右される傾向にあります。更地の評価が大部分であるという人もいるでしょうし、不動産の証券化のため立地条件が良く収益性の高いオフィスビルを中心に評価している人もいることでしょう。また、農地や林地の評価が得意という人もいます。あらゆ

る案件について評価を経験できればそれに越したことはありませんが、上記事情もありなかなかそのようなわけにもいきません。

　以下、筆者が経験した案件のなかから、用途別にみてオーソドックスな部類に入るもの、案件としてはそれほど頻度の高くないものを、それぞれ例示しておきます。

〈オーソドックスな部類に入るもの〉
○戸建住宅の開発素地
○マンションの開発素地
○青空駐車場
○グラウンド用地
○戸建住宅（建物および敷地）
○居住用マンション一棟（建物および敷地）
○居住用マンションの一部屋（建物及び敷地の持分）
○リゾートマンションの一部屋（建物及び敷地の持分）
○集合社宅・社宅跡地
○賃貸オフィスビル（建物および敷地）
○自社用オフィスビル（建物および敷地）
○量販店（建物および敷地）
○外食店舗（（建物および敷地）
○娯楽施設・宴会場
○倉庫（建物および敷地）
○工場（建物および敷地）
○保養所（建物および敷地）
○別荘（建物および敷地）
○体育館（建物および敷地）
○病院（建物および敷地）

〈案件としてはそれほど頻度の高くないもの〉

　これらのうち、いくつかの案件のイメージを図や写真で示します（なお、写真は実際に評価した案件とは直接関係はありません）。

○河川区域内の土地

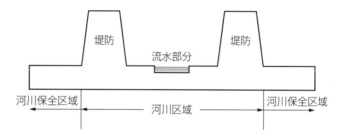

○駅から数キロメートルにわたる鉄軌道

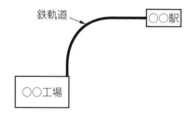

○私道そのもの
○水路を介して道路に接する工場敷地

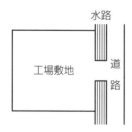

○高圧線の下にある土地

○工業団地に造成予定のゴルフ場

○温泉使用権（引湯権）の付いた土地

○大規模な港湾施設を備えた工場敷地

○太陽光発電施設用地

○周りが戸建住宅に取り囲まれた鋳物工場の敷地

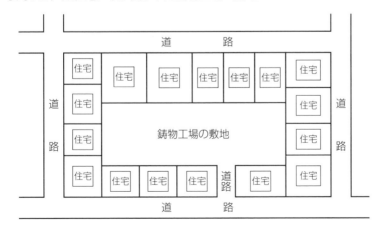

〇宅地化の影響を受けた林地(※)

（※）宅地化の影響を受けた林地とは、山奥にあるような純粋な山林とは異なり、別
　　荘地の周辺にあるような林を意味しています。この写真はそのイメージの一
　　例です。

〇急傾斜地崩壊危険区域や土砂災害警戒区域に指定された土地

〇高速道路に隣接した建物

○既に存在した建物を撤去後そのままとなっている未利用地

3　1つの案件を最初から最後まで1人で担当できる

　不動産鑑定士の仕事の面白さの一端は、1つの案件を最初から最後まで1人で担当できることにもあります。このことは、個人で仕事をしている人だけでなく、組織のなかで不動産鑑定の仕事をしている人にも共通しています。

　不動産鑑定の仕事は、その性格上、流れのすべてを把握していなければ成り立ちません。もちろん、組織の仕事のなかにはある部分を分業的に処理していくものも多くあります。そうしなければ組織全体として非効率となってしまうからです。しかし、不動産鑑定の場合、例えば、市役所での事前調査をAさんに、法務局での登記簿調査をBさんに依頼した場合でも、その結果を不動産鑑定士が十分に把握し、疑問点や問題点があれば自らその先を確認しなければなりません。この段階で、やはりこれまでの流れに乗ることが必要です。これができた段階で次の作業に進めることになります。

　次の段階では、事前に収集・確認した資料を基に現地の実査に進むわけですが、不動産鑑定士が自ら対象案件を目で見て確認し、収集した資料と相違が見つかればその要因を探らなければなりません。例えば、収集した登記情報によれば建物の床面積は200㎡となっているが、現地で見る限りこの面積よりもかなり大きいのでは（？）という疑問が湧いたとします。担当する不動産鑑定士

としては、新築して登記した後に増築を行っているが、この分を登記していないのではという憶測ができるでしょう。そこで、鑑定評価の依頼者に資料の追加提出を求め、実際にそうなのか等を確認することになります。また、市役所等から所有者に送られてくる固定資産税の課税明細書も確認させてもらい、建物の課税面積のなかに増築部分の面積が含まれているかどうかという点からも調査を行います。このような問題意識は、機械的な分業によるだけではなかなか生じてはきません。

このような過程を経て、いよいよ価格を試算するための作業に入るわけですが、これから先は1人の不動産鑑定士が同じ物差しで取引事例との優劣を比較したり、求められた価格の検証を行うこととなります。最終的に求められた鑑定評価額については当然のことながら、評価に関与した不動産鑑定士が責任を負うこととなります。その過程には、不動産鑑定という性格上、様々な判断が介入しますが、これについてもその案件に関与した不動産鑑定士の責任の下で行われます。

以上のとおり考えた場合、個々の判断行為を自分の責任の下においてなすことができるという点で、組織に拘束されることなく案件処理を進められる点が不動産鑑定士の専門性ゆえのメリットともいえます。しかし、このことは裏返せば、その案件については1人で責任を負わなければならないことにもつながるため、仕事の面白さだけでなく責任の重さも併せ持っていることを肝に銘ずる必要があります。ここに専門職業としての厳しさが潜んでいます（**図表12**）。

図表12 判断には責任が伴う

4 不動産鑑定士の資格を活かして人脈を広められる

不動産鑑定士は横のつながりが広いともいわれます。それは、組織に属して

いる不動産鑑定士であっても、例えば、地価公示の分科会等を通じて、他の組織に属している不動産鑑定士や個人の不動産鑑定士と連携しながら同じ目的に向かって業務をこなしていくからです。その過程で横の交流を図る機会を持つことができます。これは、個人事務所を営んで仕事をしている不動産鑑定士が、反対に組織に属する不動産鑑定士と交流を図るひとつの機会でもあります。このようにして横のつながりを持つことにより、仕事の処理だけでなく、鑑定評価に関する日頃の疑問点や難しい案件の処理方法の相談等を通じて仲間意識を共有できることは大きな利点となります。このことは、ある1つの組織内で仕事をしているだけではなかなか得られない大きな財産といえます（**図表13**）。

　また、不動産鑑定士として仕事をしていると、様々な点で刺激を受ける機会があります。

　例えば、弁護士から共有不動産の分割方法等について相談を受けた場合、どのような分割をしたら当事者が満足し、かつ公平な分割ができるかという視点から検討しなければなりません。当然のことながら、法的な知識のほかに不動産評価・建築・税に関する知識経験が求められます。責任を持った回答をするには日頃からの自己研鑽が必要です。それまでの自分の知識経験をさらにレベ

図表13 不動産鑑定士の横のつながり

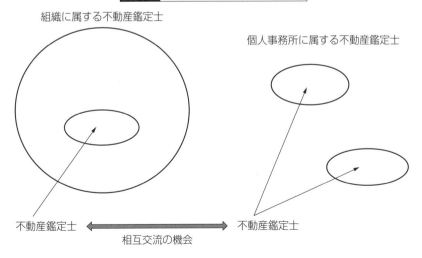

組織に属する不動産鑑定士

個人事務所に属する不動産鑑定士

不動産鑑定士　　　　　　　　　不動産鑑定士
相互交流の機会

ルアップできるような心掛けがなければ、このような相談があった場合に対応できず、以後、同じ方から相談は来なくなるでしょう。反対に、その時に的確な対応ができれば、良き相談相手として継続的な関係に進んでいく可能性が生じます。

　不動産鑑定士の仕事に関係のある他士業としては、弁護士のほかに税理士が挙げられます。それは、税理士が相続関係の仕事を行う際には、土地や建物等の財産の時価を取り扱う機会が多いからです。また、企業との関連では公認会計士も不動産の時価に接する機会が多いと思われます。そのほかに、登記関係では司法書士、建築関係では一級建築士（二級建築士）、測量関係では測量士や土地家屋調査士が係わりを有しているといってよいでしょう。

　不動産鑑定士の資格を活かしてレベルアップを図る方法はこれだけに限りません。不動産関係の学会に入会して研究発表をする、不動産鑑定士の研修会や個人的な勉強会に参加する、他士業を含めた個人的な勉強会に参加する、業界団体の委員会に参加する等、いくらでも研鑽の方法が考えられます。研鑽を積むと同時に人脈も広くなります。このような活動を通じて不動産鑑定士の仕事が面白いと感じる時もしばしばあります。

COLUMN ⑨

30 年以上前に不動産関係の学会で知り合った大学の先生との交流が今でも続く

今から 30 年以上も前になりますが、筆者が属する不動産関係の学会に参加しました。

その時は、休憩時間に名刺交換をさせていただいただけなのですが、その先生が首都圏の某私大に移籍することになり、筆者が別件でたまたまその大学を訪れた時に偶然に顔を合わせました。その時、その先生の方から「覚えていますか」と声を掛けられ、何ともいえない嬉しい思いがしました。それ以来、学会に顔を出す度にその先生にお世話になる機会ができて、これも不思議な縁だと感じています。元はといえば、その学会には不動産鑑定士という資格で入会したのですが、筆者が研究発表をするのをその先生にいつも聞いていただいたことが、現在まで交流を長続きさせるキッカケとなったのかも知れないと自分勝手に解釈しています。これからも学会活動に参加していく所存です。

第 5 章

不動産鑑定士の仕事の
やりがいと苦心談

1 ┃ 不動産鑑定士の仕事のやりがいと魅力

　筆者も、しばしば「不動産鑑定士の仕事でやりがいを感じるのはどのような時ですか」という質問を受けることがあります。受け止め方は不動産鑑定士によって様々なものがあると思いますが、筆者の場合、鑑定評価業務そのものに対するやりがいと専門知識の蓄積に対するやりがいの2つの面から、不動産鑑定士に対する魅力を感じています。以下に述べる内容はその一例です。

1 鑑定評価業務に対するやりがい

（1） 依頼者から直接聞いた感謝のことば

　例えば、ある会社から不動産売却のために鑑定の依頼をいただいて鑑定評価書を発行したところ、鑑定評価額どおりに売却することができたと感謝のことばをいただいた経験があります。

　鑑定評価書を発行した後、それが依頼者にとってどれだけ役に立っているかということは不動産鑑定士であればだれしもが関心のあるところです。鑑定評価には公正で中立的な立場が要求されますが、やはり依頼者の役に立たないということになれば折角行った鑑定評価の意義が薄れてしまいます。

　いつも物事がうまく進むというわけではありませんが、「鑑定評価書が役に立った」ということばを依頼者から直接聞けるということは嬉しいものです。このような時には専門職業家としてのやりがいを感じます。

（2） 適正な時価の証明として役立ったこと

　鑑定評価を依頼される目的は売買の時だけではありません。その土地や建物をすぐに売買するわけではなくても、例えば、企業が会計上で時価を把握しておく必要が生じることがしばしばあります。今日の企業会計ではその資産を取得した時点における価額が会計帳簿に記載されますが、時の経過とともにそれが実態からかけ離れてしまうケースが多々あります。このような場合で、至近における時価を把握し、それを会計帳簿に反映させる必要が生じたときに不動

産鑑定士の登場場面が生じます。このような場合は、その土地建物を実際に市場で売買するわけではありませんが、これと同じような手法を用いて時価評価をするわけです。

　企業会計上の時価評価では、売買のように売手・買手が市場で交渉して価格が形成されるわけではありません。それだけに、価格の妥当性や根拠を検証する手段が必要となります。不動産鑑定士の鑑定評価書はその検証手段として作成されるものですが、いかに綿密に行ったとしても、不動産鑑定士により価格に一定の幅が生ずることはむしろ避けて通れないという宿命を負っています。

　そこで、鑑定評価書を作成した不動産鑑定士としては、鑑定評価額を決定するに至ったプロセスだけでなく、そこに登場する資料の根源や根拠につき依頼者および関係者から問い合わせがあった場合には明確に回答ができるよう心掛けておかなければなりません。

　筆者も、会計上の要請から時価評価を行う機会がありますが、なかには物件の特殊性から利用状況の類似する土地の取引事例が近隣で収集できないケースもあります。このような場合でも、代替が可能で競争力の程度も同等と考えられる土地の範囲を拡大してとらえ、対象不動産の価格にアプローチしていくなど、勘だけに頼らず科学的に分析する方法が望まれます。

　言うは易く行うは難しですが、適正な時価の証明のために行った鑑定評価の結果が受け容れられ、依頼者から「役立ちました」と連絡を受けた時には任務を果たせた気持ちになりました。

（3）　事業者から提示された対価の妥当性の検証

　専門的な話には立ち入りませんが、例えば、鉄道事業者から私有地の上空に施設物（高架線等）を設置させてほしいという相談が来ることもあります（**図表1**）。

　事業者としては補償的な意味合いもあり、権利設定の対価を支払うのが通常です（所有者は施設物を設置する部分とその上空には建物を建てられないだけでなく、これらの空間を自らも使用ができなくなるからです（区分地上権と呼ばれる権利の設定ですが、詳細は割愛します））。

　このような場合、事業者が作成している補償基準（あるいは公共的な補償基

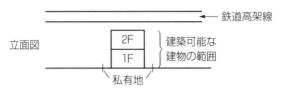

図表1 私有地上に鉄道高架線を設置

鉄道高架線

立面図

2F
1F

建築可能な
建物の範囲

私有地

準を準用している場合はそれ）に当てはめて補償の対価を計算するわけですが、その内容は極めて専門的で、一般の人には難しいのが実情です。そこで、筆者も、事業者から提示された対価が妥当なものかどうかという相談を受けたことがあります。このようなケースでは、改めて鑑定評価を実施するわけではありませんが、不動産鑑定士の知識経験を活かして、事業者の対価算定の方式の妥当性を検証したわけです。

　後日、依頼者より、不動産鑑定士の目から見ても妥当である旨のコメントを基に機関決定（決裁）を得たとの連絡がありました。この時はコンサルタント的色彩の強い仕事でしたが、それなりの意義を感じました。

（4）　鑑定評価から派生する相談への対応

　鑑定実務を経験していくなかで、直接的に鑑定評価に係る内容ではないものの、依頼者からその物件に関して諸々の相談（質問）を受けることがあります。

　例えば、現在その土地が更地となっていて依頼者以外に誰も使用していないのですが、登記簿には赤の他人が賃借権を有する旨記載されているというケースがありました。登記簿を調べてみると、確かに、「賃借権設定」、「明治○○年○○年○○日設定」、「特約　譲渡、転貸ができる」、「賃借権者　○○○○（個人）」云々の記載があります。

　どのような経緯でこのような記載がなされているのかは不明ですが、鑑定評価の問題とは別に、権利関係を確認して対処しておく必要があります。過去長期間にわたり何ら問題は生じてこなかったようですので、実体のない権利の抹消漏れとは推察されますが、この問題に関しては弁護士を紹介し、然るべき裁判手続きを経て抹消した経緯があります（法的にもこのような手順を踏むことが求められます）。

後日、依頼者から感謝のことばをいただきましたが、不動産鑑定士の仕事は鑑定評価書を作成するだけでなく、鑑定評価から派生する様々な相談に乗ることも重要だと考えた時、仕事そのものに意義深さを感じました。

（5）　利害関係の調整と合意

　既に述べた内容と一部重複しますが、鑑定評価の依頼を受けた時は、その結果が依頼者にとってどのように役立つかを考えることから出発します。例えば、依頼目的が売却のための鑑定評価であれば、高い評価額が求められれば依頼者は満足するでしょうし、購入のための鑑定評価であれば、低い評価額が求められれば依頼者は満足することでしょう。また、依頼者にとって満足のいく結果が得られた場合には、鑑定評価の過程についてはあまり関心を示さないという人がいるかも知れません。

　しかし、反対に依頼者にとって満足のいく結果が得られなければ、依頼者はなぜそのような評価額が求められたのかにつき立ち入った説明を求めてくるのが通常と思われます。

　鑑定評価の依頼目的は多種多様です。それが土地や建物の市場売却（あるいは市場での購入）を目的とするものもあれば、新規の賃貸借に当たり適正な賃料を探る意味で、あるいは継続中の賃貸借において賃料改定の参考にする意味で、貸主側あるいは借主側から鑑定評価を求めてくる場合もあります。

　鑑定評価が実施される背景には、このように取引当事者間の利害関係が大きく（あるいは複雑に）絡むことが多いといえます。そのため、鑑定評価の依頼者が利害関係のある当事者の一方であった場合、その依頼者にとっては満足し得る結果が得られたとしても、鑑定評価の結果が他の一方の当事者にそのまま受け容れられるとは限りません。

　鑑定評価にはこのような難しさが常につきまといますが、鑑定評価に携わる者としては依頼者だけでなく利害関係のある相手方に対しても、その結果が合理的で説得力のあるものとして通用するような鑑定評価を心掛けることが必要となります。しかし、鑑定評価の手法を具体的な案件に当てはめて適用し、金額を求めるだけでは、当事者の納得を得ることができないことも多いといえるのではないでしょうか。

筆者は、日頃からこのような気持ちで鑑定業務に臨んでいますが、貸主側から依頼された賃料改定の案件に対し、改定の必要な理由につき、調停に至る前に貸主・借主間の納得を得られ、解決に導いたこともあります。賃料改定の際には、不動産鑑定士として中立的な姿勢をとることが必要であると身をもって感じた一例です。

2　専門知識の蓄積に対するやりがいと魅力

次に、専門知識の蓄積に対するやりがいと魅力ですが、例えば、筆者の著した書籍の一部を他の不動産鑑定士が論文に参考文献として引用してもらったり、紹介していただいたりすることがあります。今まで蓄積してきた知識経験の一部が自身の鑑定業務だけでなく、世の中のためにも生かされていると考えた時に、この点もやりがいの1つして感じるところがあります。不動産鑑定士は、不動産の価値を評価する専門家であり、そのためには法律・経済をはじめとする様々な知識経験を備える必要がありますが、これを蓄積する一過程のなかで著した拙著を誰かに参考にしてもらえるというのは嬉しい限りです。

ただし、専門的な仕事は経験を積めば積むほど難しさを感じさせます。世の中が常に変動しているために、ある時点では正しい知識がそうでなくなることもあります。そのため、やりがいを感じるためには、それ以前の問題として常に自己研鑽を積んでおかなければなりません。今まで、自分がいかに知識経験を備えてきたと考えたとしても、まだまだ不足していると感じることは多々あります。そのため、筆者は「常に初心に戻る」ことを肝に銘じています。

また、不動産鑑定士の社会貢献の1つとして、各都道府県に設置されている不動産鑑定士協会にて一般市民向けに街頭相談会等（無料）を行うことがよくあります。相談を受ける内容は価格の面だけでなく、借地・借家契約や賃料改定、土地の取引（売買）、有休土地の活用からはじまり様々です。このようなところでも、専門家としての不動産鑑定士が知識経験を発揮できるといえるでしょう。

2 　不動産鑑定士としての苦心談

　今まで都合のよい話ばかりしてきたような気もしますが、不動産鑑定士の仕事を進めていく上で苦心することも日々多く経験します。以下は、数多い中の一例です。

1 　取引が極めて少ない地域では価格水準をつかむのに苦心する

　不動産鑑定士は、鑑定評価額を求めるに当たり様々な手法を用いて分析・検討しますが、なかでも資料として収集が不可欠なものは実際の取引事例です。いくら理論的に求められた価格がもっともなものであっても、それが市場の実態を反映していなければ鑑定評価額としての意味をなさなくなります。

　鑑定評価においては実証性が重視されるため、不動産鑑定士は取引事例を軽視して鑑定評価額を決定するわけにはいきません。しかし、地域によってはここ数年間取引そのものがないか（人里離れた村内の土地等）、あっても極めて限られているという場所もあります。

　このような場所でも、ある会社が地元の土地所有者から置場として借りていたところ、これを買い取ることになったため、いくらであれば妥当なのかを鑑定評価してほしいという依頼を受けることもあります。不動産鑑定士が苦心するケースの１つです。それは、このようなケースでは、不動産鑑定士にとってその物件がどれ位の価格水準であれば妥当なものかを、近隣の他の物件の取引価格と比較して求めるという手法が通じにくくなるからです。特に、東京あるいは首都圏を中心に鑑定業を営んでいる不動産鑑定士が、地方に所在する物件の鑑定評価の依頼を受け、取引事例を調査したところ、なかなか収集できないといった場合、このような経験をすることでしょう。

　しかし、不動産鑑定士は鑑定評価を業として（＝鑑定評価を行うことにより報酬を得て）いる以上、事例が収集しにくいことを理由に「鑑定ができない」

というわけにはいきません。一般の人にとって価格が把握しにくい物件であるからこそ、不動産鑑定士に鑑定評価を依頼してくるわけで、そこに不動産鑑定士としての活躍舞台があるわけです。

それでは、このように水準を把握するのが難しい物件の価格をどのようにとらえるかということですが、これから先はノウハウの部類に属する事項ともいえましょう。このようなケースで鑑定評価の作業を進めるヒントとしては、（ア）対象物件と類似する環境や用途のみられる地域の範囲を大きく拡大し、そこから取引事例を収集する、（イ）ここで収集した取引事例と対象物件の所在する地域間の価格差を環境や交通手段の良し悪し等をもとに査定し、実際の取引事例から対象物件の価格を求める等の方法が考えられます（**図表2**）。

図表2 取引が少ない地域で価格水準をつかむ手法

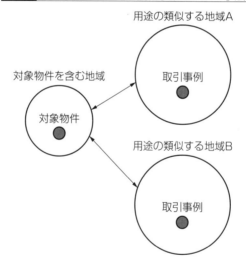

以上述べたことは一例ですが、不動産鑑定士の仕事は単なる「勘」だけに頼るものではなく、信頼できる資料に基づく合理的判断があってこそ成り立つものといえます。この趣旨は、不動産鑑定士の拠り所となっている「不動産鑑定評価基準」にも次のように表れています。

〈不動産鑑定評価基準〉

　不動産の鑑定評価は、その対象である不動産の経済価値を判定し、これを貨幣額をもって表示することである。それは、この社会における一連の価格秩序の中で、その不動産の価格及び賃料がどのような所に位するかを指摘することであって、

(1) 鑑定評価の対象となる不動産の的確な認識の上に、

(2) 必要とする関連資料を十分に収集して、これを整理し、

(3) 不動産の価格を形成する要因及び不動産の価格に関する諸原則についての十分な理解のもとに、

(4) 鑑定評価の手法を駆使して、その間に、

(5) 既に収集し、整理されている関連諸資料を具体的に分析して、対象不動産に及ぼす自然的、社会的、経済的及び行政的な要因の影響を判断し、

(6) 対象不動産の経済価値に関する最終判断に到達し、これを貨幣額をもって表示するものである。

　この判断の当否は、これら各段階のそれぞれについての不動産鑑定士の能力の如何及びその能力の行使の誠実さの如何に係るものであり、また、必要な関連諸資料の収集整理の適否及びこれらの諸資料の分析解釈の練達の程度に依存するものである。したがって、鑑定評価は、高度な知識と豊富な経験及び的確な判断力を持ち、さらに、これらが有機的かつ総合的に発揮できる練達堪能な専門家によってなされるとき、初めて合理的であって、客観的に論証できるものとなるのである。

(総論第 1 章第 3 節)

2　その地域で取引はみられるものの価格帯が大きく異なる場合

　上記 1 とはやや異なるケースですが、地域によっては、取引はそれなりに行われているものの、そのほとんどが親族間取引で、同じような物件でも高いものもあれば低いものもあり、事例を眺めていただけではどれが相場に近いものか判断が難しいということもあります。筆者も同じような経験をしたことがあります。

　不動産が取引される背景には様々な事情があり、特に親族間の場合には極めて割安な価格で取引がなされるケースが多くあります（その反面、割高な価格で取引がされていることもあります）。また、相続が発生して、そのまま代替わりしていることも日常茶飯事です。

　不動産鑑定士が鑑定評価を行おうとしている物件がこのような地域に所在する場合、適正な水準をどのようにして判断するかが求められます。

　これを判断する手段として、近隣（あるいは周辺）の公示価格や都道府県基

準地価格、相続税の路線価図に記載されている対象地前面の路線価（路線価が付されていない場合は、固定資産税評価額に指定された倍率を乗じた価格）、固定資産税評価額等とのバランスを検討する方法が挙げられます（これ以上の話は専門的な内容となりますので立ち入りませんが、イメージは **図表3** を参照ください）。

図表3 取引はあるが価格帯に差がある地域での手法

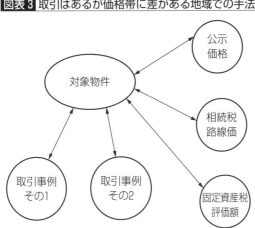

3 依頼者から提供された資料だけでは現地で位置関係を照合できない場合

　鑑定評価の対象地の概要を把握するに当たっては、登記簿の地番が基になります。といっても、登記簿には地番・面積等の情報が記載されているだけで、位置関係まで登記簿でわかるわけではありません。そのため、不動産鑑定士は、依頼者から登記簿に記載された地番の土地を評価してほしいといわれて資料を渡されても、それだけで評価することはできません。

　そのため、依頼者に対し、法務局に備え付けられている地図（個々の区画ごとに地番が付されている図面であり、いわゆる公図と呼ばれる図面）が手元にあるかどうかを確認した上で、それがあれば提供してもらいます。依頼者の手元になければ、不動産鑑定士が自ら法務局で取得します。

ここで、不動産鑑定士が苦心するケースとしては、仮に依頼者が手元に図面を用意している場合でも、1つ1つの地番の面積が大きく、しかも地番の数が多いときには図面の枚数もかなり多く、これらをつないで貼り合わせなければ全体がわからない場面に出くわす場合です（そのイメージを 図表4 に掲げます）。

図表4 貼り合わせ後の図面（公図）の例

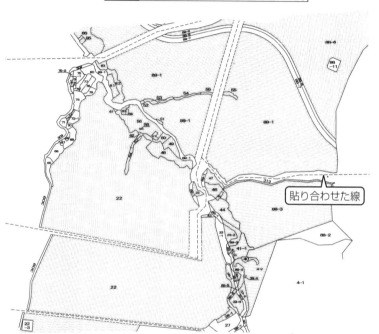

　このような作業は実際に経験してみなければ実感がつかめないと思いますが、不動産鑑定士だけに限らず、宅地建物取引士にも共通しています。全体を把握できる図面を作成しておかなければ、どこの地番が全体土地のどこの位置にあり、道路にどのように接しているのか等がわかりません。また、全体土地の一部に傾斜地（斜面）が含まれている場合にも、どの地番が斜面であるのかがわかりません。

　依頼者が規模の大きな企業等であり、全体図面（公図）を測量士や土地家屋調

査士等の専門家に作成してもらっていれば改めて上記の作業に手間取ることもありませんが、往々にして作成されていないことが多いのではないでしょうか。

筆者も、ゴルフ場を工業団地に転換することを前提とした鑑定評価を依頼されたことがありますが、その時も地番の数が100件を超え、しかも公図が手元にないという状況でした。大量の公図を切り貼りして全体像をつかんだ上で現地調査に向かいましたが、切り貼り作業だけでもフルに1週間は要しています。その後、その図面を土地家屋調査士に提供した上で、体裁のよい合成図を測量機器を用いて作成してもらった経験があります。この時は鑑定評価の作業以前に、図面の合成にかなりの時間を投入しています。

今まで述べてきた内容は、鑑定評価の一連の作業過程のなかでは「対象不動産の確定」に該当します。地道な作業ですが、ここが何にも増して非常に重要です。この部分に誤りがあった場合は、その後の作業をいかに綿密に実施しても評価額の誤りに直結してしまいます。筆者が、時間をかけて図面の張り合わせを行った理由はここにあります。苦心しますが、この点を軽視した場合、不動産鑑定士の信頼をなくす結果ともなりかねません。

不動産鑑定の仕事は、往々にしていくつかの案件を並行して進めることが多くあります。多忙な時期に上記のような煩雑な作業が入ると、忙しさに拍車がかかりますが、これを避けて通ることはできません。

COLUMN ⑪

公図の貼り合わせがこれほど大変な作業とは思わなかった！

現在、パソコンが普及し、その処理が得意な人ほど効率的に作業を進めやすい状況にあります。筆者の場合、万年筆や鉛筆、ボールペンを片手に算盤、電卓で作業する時代に育ったため、手作業はそれほど苦にはなりません。しかし、公図の貼り合わせにはかなり汗をかきます。このような作業は鑑定評価の依頼者の目には映らず、説明してもなかなか大変なことだと理解してもらえないことも多々あります。パソコンだけでは処理し切れない性格のものともいえますが、この作業をすることを通じてその物件の特徴が鮮明になります。

4 賃料改定に伴う地代家賃の鑑定評価では貸主・借主の利害関係が衝突する

　貸主・借主間の賃料改定交渉に伴い、不動産鑑定士が貸主または借主から改定後の適正賃料（地代または家賃）について鑑定評価の相談を受けることが多くあります。

　賃料改定に当たっては、貸主からすればできるだけ高い賃料で改定したいと考えるでしょうし、反対に借主からすればできるだけ安い賃料で改定したいと考えることでしょう。かくして双方が交渉した結果、ある賃料で合意できればそれに越したことはありませんが、なかにはどうしても合意できないケースが出てきます。このような場合に不動産鑑定士の登場場面が出てきます。

　1人の不動産鑑定士が貸主・借主の合意の基に鑑定評価の作業を進め、その結果を当事者に説明して双方が納得すれば、比較的スムーズに進められることと思います。しかし、貸主および借主双方が別々に鑑定評価を依頼し、その結果に大きな隔たりが生じた場合、解決は難航することが予想されます。ここに利害関係が衝突し、貸主・借主双方の鑑定評価額の妥当性をめぐって争いに発展することも珍しくありません。不動産鑑定士にとって苦心するケースです。

　不動産鑑定士は、お互いの鑑定評価書に採用した金額や数値の根拠を示して妥当性を主張することになりますが、それだけでは当事者の納得を得られないケースが多く、その先は調停の場に持ち込まれることもしばしばです。これで解決がつかなければ訴訟手続きに進むことになるでしょう。そこでは、鑑定評価書が証拠という形で裁判所にて取り扱われます。

　貸主から依頼された鑑定評価と借主から依頼された鑑定評価では、不動産鑑定士の置かれた立場は微妙に異なりますが、根拠や説得力に欠けた鑑定評価書は信頼度が低いものとみなされ、その結果が結論に直接的に影響するため、相当の神経を費やして鑑定評価書を発行する心構えが求められます。

5　権利の評価は目に見えないだけに苦心する

　不動産には目に見えるものと目に見えないものがあることは既に述べましたが、もう一度整理すると次のようになります。

$$
不動産
\begin{cases}
目に見えるもの……地勢（平坦地、傾斜地）・形状・道路付け等 \\
\\
目に見えないもの……借地権・借家権・通行権等
\end{cases}
$$

　目に見えるものについては確認がしやすいのですが、権利関係等のように目に見えないものは外形からでは見分けがつきません。これを確認するには依頼者から契約書等の資料を入手するとか、法務局で登記関係を調査するなど、最初にその権利が実際にあるのかどうかを確認しなければなりません。

　さらに、このような権利が実際にあることが確認された場合でも、それに財産的な価値（金銭的な価値）が認められるかどうかを分析し、検討することが必要です。その理由は、契約上の権利があると認められる場合でも、それに財産的な価値まではないケースもしばしばあるからです（ここで、財産的な価値というのは、その権利が金銭の授受を伴って取引されることを意味しますが、これ以上の話は専門的となりますので立ち入りません）。

　不動産鑑定士は不動産の物的な面だけでなく、権利的な面についても評価の範疇としていますので、その権利に財産的な価値があると判断する場合と価値はないと判断する場合とでは結論が大きく異なってきます。

　このように権利そのものを評価する場合には、権利の有無や価値の度合いに関して不動産鑑定士相互間で見解が異なるケースが生じ得ます。物的なものと異なり目に見えないだけに、その判断は科学的に行わなければなりませんが、この辺りにも苦心することがあります。

6 特殊な仕様の建物の評価には苦心する

　不動産鑑定士は土地だけでなく建物も評価しますが、特殊な仕様の建物の評価には苦心することがあります。

　建物の評価においては、「再調達原価（再建築費）－減価修正額＝建物評価額」が基本的なとらえ方となります（他にも手法が考えられますが、ここでは上記算式を前提に説明を加えておきます）。

　ここで、再調達原価（再建築費）とは、鑑定評価を実施する基準日（これを価格時点と呼びます）において、同じ構造・仕様・グレードの建物を建築しようとした場合、いくらでできるかという金額のことです。

　減価修正額というのは、例えば、評価しようとしている建物が建築後10年経過しているとすれば、10年間の価値の減少分のことです。

　上記の考え方に基づいて評価作業を進めていきますが、再調達原価（再建築費）は平均的（標準的）な金額を基に査定するのが通常です（建設会社によって幅が生ずることがありますが、評価に当たっては標準的なものを用います）。しかし、特殊な仕様の建物の場合、標準的な建築費（床面積当たりの単価）を把握することが難しいケースが多いといえます（査定する際にも、幅が生ずることはむしろ避け難いと思われます）。

　建物の鑑定評価に当たっては、再調達原価（再建築費）のとらえ方がその後の評価作業に大きな影響を与えます。そのため、このようなケースに関しては建築の専門家のアドバイスを受けるとか、建設会社の意見を聞くなど、様々な視点から分析しますが、この点も苦心するケースの1つです。

7 鑑定評価の手法がすべて適用できるとは限らない

　不動産鑑定評価基準の総論第8章第7節によれば、鑑定評価に当たっては、対象不動産に係る市場の特性等を適切に反映した複数の手法を適用すべきであると規定されています。また、対象不動産の種類・所在地の実情・資料の信頼性等により複数の鑑定評価の手法の適用が困難な場合においても、その考え方をできるだけ参酌するよう努めるべきであるとされています。

不動産の価格は、理論的には、一般の物と同じように次の三面から形成されると考えられます。

①　その不動産に投じられた費用

②　その不動産の市場における取引価格

③　その不動産を利用することによる収益性（生産性または賃貸収益）

　したがって、不動産鑑定士が鑑定評価を行う場合には、常にこの原点に戻ってあり方を検討する必要がありますが、不動産には地域性があり、しかもその地域において賃貸物件がほとんどなく、収益という発想が馴染みにくい場所もあります。また、土地の場合は、埋め立てにより新規に造成する場合は別として、「新しく造る」という考え方が当てはまりません（建物の場合は別です）。さらに、上記 1 でも述べたとおり、限られた範囲の地域内においては取引がみられないというケースもあります。

　理論的には適用可能な手法でも実務的には適用できないというケースが多くありますので、不動産鑑定士は案件ごとにそれを見極め、可能な手法をできる限り適用していくわけですが、複数の手法を用いて試算した結果、相互間に大幅な乖離（価格差）が生ずることも珍しくありません。このような場合、乖離の要因を分析し、どの価格がもっとも実態的であるかを不動産鑑定士の判断で結論付けなければなりません。

　これに該当するケースとして、例えば次のような案件が挙げられます。

　郊外の戸建住宅が建ち並んでいる地域で、しかもその敷地を本人が自宅として使用する目的での取引が支配的なところでは、土地の価格はそこから生み出される商業的な収益というよりも、環境の良否等を反映した取引価格をベースに形成されています。このような地域で土地価格を試算した結果、取引事例比較法で求めた価格が 150,000 円／m² であるところ、収益還元法で求めた価格が 50,000 円／m² 程度にしかならなかったということも珍しくありません。

　複数の手法を適用して求めた結果に大きな乖離が生じた場合、それぞれの平均値を採ればよいというものではなく、説得力のある価格がどれなのかを吟味しなければなりません（このケースの場合、説得力のある価格は取引事例比較法で求めた価格 150,000 円／m² ということになります）。

また、ケースによっては1つの手法しか適用できないということもあります（地域の特性、資料の制約等によります）。

これに該当するケースとして、例えば次のような案件が挙げられます。

保養施設等のように汎用性の低い建物（他用途に転換するのが難しい構造・仕様のもの）が建っている場合でその敷地の価格を求めようとしても、類似用途の賃貸物件はなかなか見つからず、収益還元法の適用は一般的に難しいのが実情です。また、その敷地は既成のものですから、「新しく造る」という費用面からの考え方（原価法といいます）を当てはめるわけにはいきません。このように、ケースによっては、近隣での土地の取引価格をもとに取引事例比較法のみによって価格を求めざるを得ないこともあります。

不動産鑑定評価基準に規定されている評価手法が適用できない案件の場合、その理由付けを考えるとともに、他に検証手段がないかどうか等を検討する際に苦心することがあります。

8　建物の撤去を前提とする評価ではアスベスト除去費用が評価額に大きく影響する

アスベストとは、石綿（せきめん、いしわた）とも呼ばれる天然の繊維状の鉱物を指しています（原石をほぐして繊維状にしたものです）。

アスベストの特徴としては一般的に以下のことが指摘されています。

① 繊維がきわめて細いため、浮遊しやすく吸入されやすい

② 建物を使用している間はほとんど影響がないが、建物を解体する際に環境中へ拡散（飛散）する

③ 環境中へ拡散したアスベスト繊維を吸入すると健康障害（肺がん、中皮腫等）の原因となる

④ 耐熱性が高い

⑤ 薬品に強く、絶縁性がある

⑥ 柔軟性がある

なお、不動産との関連では、建替時期が到来した建物の廃棄物処理の問題、解体が必要と考えられる建物の解体時の環境中への拡散の問題としてとらえる

必要があります。すなわち、建物を解体する際、その建物に使用されているアスベストが周囲に拡散するのを防ぐため、除去作業は外気と隔離して実施する必要がありますが、これらの事情を踏まえれば建物の解体費はその分割高となるという点です。

　アスベストの使用は段階的に禁止されてきましたが、平成24年3月以降は全面的に禁止されています。

　不動産鑑定士が鑑定評価の対象とする不動産（建物）について、アスベストが使用されているか否かの正確な調査は専門家に依頼することとなりますが、その前の段階として、不動産鑑定士は次の方法で調査をしています。

（ア）　建築時の設計図面や概要書の記載内容（アスベスト使用建材の有無）

（イ）　建築物の施工業者または設計事務所への問い合わせ

（ウ）　建材名が判明している場合は製造業者への問い合わせ

（エ）　経済産業省や国土交通省のホームページで「石綿（アスベスト）含有建材データベースについて」の検索⇒建材メーカーが過去に製造したアスベスト含有建材の種類、名称、製造時期、アスベストの種類・含有率等の情報の確認

（オ）　目視による調査（設計図書と実際の施工建材が一致しているか否か）

　アスベストの取扱いに際して不動産鑑定士が苦心するのは、アスベストの処理費用は状況により大幅な相違があることです（部屋の形状・天井高さ・固定機器の有無など、施工条件により工事着工前準備作業・仮設などの程度が大きく異なり、処理費に大きな幅が発生します）。

　ただし、鑑定評価との関連で考えれば、対象不動産が現状のまま有効に継続使用できる状態にある限り、（価格時点において撤去を考慮する必要はないため）アスベストについては価格形成要因から除外して評価を行っているのが一般的です。

9　土砂災害特別警戒区域に指定された土地はどれほど価値が低下するか？

　本書の執筆時点では、不動産鑑定評価基準には、土砂災害特別警戒区域内の土地の評価というような具体的規定は何ら設けられていません。しかし、このような区域に指定されていない土地と、指定されている土地とでは危険性の度合いも異なり、住民の心理も異なってきます。

　不動産鑑定士が土砂災害特別警戒区域に指定された土地の評価依頼を受けた場合、これによる価値減少の度合いをどのようにとらえるかについては、現時点では不動産鑑定士の判断によっているのが実情です。

　また、その地域全体が土砂災害特別警戒区域に指定されているのか、対象地だけが指定されているのかによっても、評価の考え方が異なることでしょう。

　考えられるのは、対象地に防護柵（塀）を設置することを想定し、その費用相当額を土地価格から差し引く方法ですが、物理的な問題だけで済みそうもないところに難しさがあり、苦心するところとなります。

10　貸主から建物の退去をお願いする場合の解決費用（借家権価格）は算定が難しい

　不動産鑑定士の間でも評価が難しいといわれるのが、貸主から建物の退去を

お願いする場合の解決費用（いわゆる立退料の一部であり、借家権価格と呼ばれるものです）。

　専門的な話には立ち入りませんが、このような価格を試算するためにはいくつかの考え方（手法）があり、同じ不動産鑑定士が評価した場合でも、それぞれの試算結果の間には大きな差が生じるのがむしろ通常です。

　立退料には相場はないといわれています。このことが立退料（退去をお願いする場合の解決費用）の算定を一層難しくさせる要因ともなっています。

　以上、不動産鑑定士が仕事を行っていく上での苦心談をいくつか挙げてみましたが、これはあくまでも例示であり、不動産鑑定士個々のテリトリーに応じて苦心談も異なってくることでしょう。また、その内容も、対象物件の調査資料に関するものから、評価の手法に関するもの、鑑定評価の結果と売却価格（成約価格）の間に大きな差が生じた場合（売却価格＜鑑定評価額または売却価格＞鑑定評価額）の理由の分析等、様々です。

　この他に、現地調査に関する笑い話のようなものもあります。例えば、ある不動産鑑定士が住宅用地の調査に出向き、現地で書類を広げたり、長い時間色々な場所を見て回ったいたことで、周辺住民から不審者と思われて通報され、パトカーが現地に駆け付けたという話を聞いたことがあります。本人にとっては一生懸命に現地を調査し、周辺環境もよく把握した上で鑑定評価書をまとめたいという気持ちであったと思いますが、返って裏目に出てしまったようです。不動産鑑定士の仕事は現地の的確な把握を抜きにしては成し得ないものですが、今述べたような苦心談を踏まえて、スムーズな調査ノウハウを身に付けたいものです。

土地勘のない場所にハプニングはつきもの——筆者が経験した間抜けな話

　筆者は遠隔地出張の機会が決して少なくありません（コロナ禍の移動自粛の時期は別として）。しかし、その多くは土地勘のない場所です。事前に情報収集はしていくものの、それでも予期せぬ事態はつきものです。

　以前、北の地方で鑑定評価の依頼がありました。いつものとおり、役所関係のホームページで下調べを済ませ、現地に向かいました。（筆者は運転免許は保有しているものの、最近では自ら運転していないため）、一日に数本しかない列車の時間に合わせ、対象物件の所在地に赴き、現場とその周辺を確認した後、市役所・法務局を回り、最後に、少しだけ離れた出張所に行く用事がありました。

　12月のこの日は、あいにく雪深い日でした。駅から近いはずなので車でなく徒歩にしましたが、その移動中に、雪に隠れた道路標識に気付かず、行き先を見失ってしまいました。荒涼とした雪原には、道を尋ねたくても通行人はおらず、途方に暮れてしまいましたが、何とか目的地にたどり着きました。しかし、到着した時は寒さに凍え、役所で問い合わせをしようとしても、口も聞けない状態でした。

　出張は、ある意味では楽しみもありますが、滞在時間・移動時間・少ない移動手段などを考慮して予定を立て、綿密に準備しても思わぬハプニングが起こり得ます。このことが引き金となって調査時間が不足し、それが鑑定評価書の不備につながればマイナス効果となります。段取りは極めて重要です。

第 6 章

実際に案件を受注してからの
仕事の流れ

今までの説明から何となく察しがつくかと思いますが、不動産鑑定士の仕事は地道かつ煩雑な作業を伴う仕事です。決して感覚だけで容易に済ませられる仕事ではありません。

　実際に案件を受注してから最終段階に至るまでの仕事の流れは、秩序的な手順を踏むことが必要ですが、本章ではその大まかな流れを紹介します。とはいっても、本章で述べる内容の多くは、前章までの個々の説明でかなり網羅されるといえます。また、実際に仕事についてみなければ実感が沸かない要素も強いといえるため、本章はあまり退屈しない程度に済ませたいと思います。

　まず、不動産鑑定士が実際に案件を受注してからのおおまかな仕事の流れを示せば **図表1** のとおりです。

図表1 大まかな仕事の流れ

① 鑑定評価の受付
↓
② 事前調査（基本的事項の確定）
↓
③ 処理計画の策定
↓
④ 現地調査（対象不動産の確認）
↓
⑤ 資料の収集整理（鑑定評価額を求める際に必要な資料等）
↓
⑥ 価格形成要因の分析
↓
⑦ 価格の試算（鑑定評価の手法の適用）
↓
⑧ 試算価格の調整および鑑定評価額の決定
↓
⑨ 鑑定評価報告書の作成
↓
⑩ 鑑定評価書の作成および交付

　全体の所要日程ですが、例えば規模の小さな土地で更地の評価を行う場合は、（他に時間を大きく費やす仕事がない限り）案件の受付から依頼者に鑑定評価書を交付するまで2週間程度が目安となるでしょう。ただし、事情があって現

地に赴くのが遅くなったり、役所の確認が遅れた場合は別途調整することとなります。

　一方、規模の大きな物件で、土地だけでなく建物も含まれているという場合は、鑑定評価の受付から鑑定評価書の交付まで1か月程度を要することが多いと思われます（その物件をテナントに貸していたり、借地をしているような場合は確認すべき資料も多く、その分だけ作業量が多く、費やす日数も増えます）。

　以下、**図表1**の番号に沿って簡単に説明を補足します。

① 鑑定評価の受付

　鑑定評価の依頼者から案件の受付をします。その際に、対象物件・依頼目的・納期・提出先等を聞き取り、評価報酬についても説明します。

　また、併せて依頼者および評価に関与する不動産鑑定業者との利害関係その他一定事項の確認も行います。

② 事前調査（基本的事項の確定）

　依頼者から対象不動産に関する資料を受け取り、所在・範囲・価格時点・鑑定評価によって求める価格（賃料）の種類等を確定させます（机上作業が中心です）。

③ 処理計画の策定

　鑑定評価書の発行日（依頼者の要望も含め検討）に合わせ、一連の作業日程（法務局・市役所等の調査・現地調査（実査）・資料の収集から鑑定評価方式の適用等に至るまで）を策定します。

　なお、作業日程は案件の規模・評価の煩雑さ・資料収集の難易・物件の所在地・依頼者のスケジュール・手持ち案件の処理状況等を考慮して決定します。

④ 現地調査（対象不動産の確認）

　現地調査により対象不動産の物的状況や権利の態様を確認します。

⑤ 資料の収集整理（鑑定評価額を求める際に必要な資料等）

　登記事項証明書・土地建物の図面（法務局備付けのもの）・不動産の所在地に関する地図（位置図）等のほかに、取引事例・賃貸事例等の資料を収集し、整理します（通常、事前調査として現地調査の前に収集し、実査時に事例地等の確

認も行っています（これらの手順は相互にフイードバックの関係にあります））。

　これらの他に収集する資料としては **図表2** に掲げるものがあります（価格形成要因に関するものです）。

図表2 収集する資料

(1) 一般資料
　経済成長率（GNP、GDP）の推移に関する資料、鉱工業指数、消費者物価指数、企業物価指数（卸売物価指数に該当）、貸出金利の推移に関する資料、設備投資の推移に関する資料、人口動態統計、景気動向指数、建築着工統計、税制の動向に関する資料、賃金・雇用に関する資料等。

(2) 地域資料
　都市計画図、市販の住宅地図、路線価図、地方自治体の条例および宅地開発指導要綱等（最近ではインターネットに掲示している自治体も多いあります）、分譲工業団地では建築物に関する協定等）。

(3) 個別資料
　確認資料として掲げたものの他に、土地境界査定図面、道路境界査定図、傾斜地や高低差のある土地の断面図、平面図、土壌調査資料（汚染物質の調査を実施している場合）、地質調査資料（地質調査を実施している場合）、建物調査資料（アスベスト等の使用状況や耐震性の調査を実施している場合）等が挙げられます。

⑥　価格形成要因の分析

　一般的要因の分析（社会・経済状況等）、地域要因の分析や個別的要因の分析を行い、対象不動産の状況に合わせた価格形成要因を分析します（**図表3**）。

図表3 価格形成要因の分析

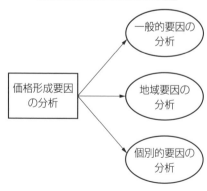

⑦　価格の試算（鑑定評価の手法の適用）

　対象不動産に係る市場の特性等を適切に反映した複数の手法を適用して、試算価格（試算賃料）を求めます（**図表4**）。

図表4 鑑定評価の手法の適用

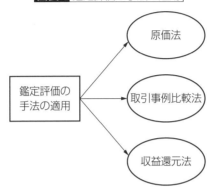

⑧　試算価格の調整および鑑定評価額の決定

　鑑定評価の手法を適用した結果求められた試算価格または試算賃料を比較検討し、再吟味の上でこれらを調整し、鑑定評価額を決定します（**図表5**）。

図表5 鑑定評価額の決定

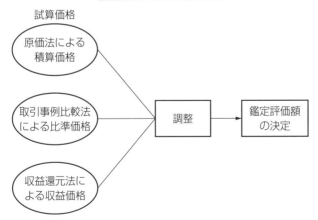

⑨　鑑定評価報告書の作成

　鑑定評価を担当した不動産鑑定士がその属する不動産鑑定業者に対して発行する文書であり、鑑定評価の成果を記載するものです。これが依頼者に交付される鑑定評価書の素案ともなります（**図表6**）。

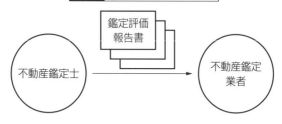

図表6 鑑定評価報告書の作成

⑩　鑑定評価書の作成および提出

　鑑定評価の依頼者に対して鑑定評価書を交付します（**図表7**）。

　なお、成果品である鑑定評価書の表紙のサンプルを **図表8** に掲げます。

図表7 鑑定評価書の作成

不動産鑑定評価書

令和○年○月○日発行

○○○○○　殿

所属鑑定業者の名称　○○○○

不動産鑑定士　○○○○

〔1〕対象不動産の表示及び鑑定評価額

所在及び地番	地目・建物の構造・用途	数　量	鑑定評価額
（土地） 東京都○○区○○四丁目○番1 　〃　　〃　○○　〃　○番2 　〃　　〃　○○　〃　○番3 　〃　　〃　○○　〃　○番4	宅地 〃 〃 〃	（登記簿面積） 55.73 m² 1,085.88 m² 66.31 m² 55.96 m² 計 1,263.88 m²	（土地建物） XXX,XXX,XXX 円
（建物） 東京都○○区○○四丁目○番地1、○番地2、○番地3、○番地4 家屋番号○番1	鉄骨造陸屋根5階建 事務所	（登記簿面積） 1 階　756.00 m² 2 階　756.00 m² 3 階　756.00 m² 4 階　756.00 m² 5 階　756.00 m² 計 3,780.00 m²	

　本件鑑定評価に当たっては、自己又は関係人の利害の有無その他いかなる理由にかかわらず、公正妥当な態度を保持し、専門職業家としての良心に従い、誠実に不動産の鑑定評価を行った。

せっかく苦労して計算した価格に大きな開きが出る——困ったものだ！

　鑑定評価の手順（基本的事項の確定にはじまり手法の適用に至るまで）がいかに手際よく進められたとしても、最終段階に至り、複数の手法で計算した価格の間に大きな差が生じて、その調整に苦労するケースは多いといえるでしょう。このような事情は、鑑定評価の制度がはじまった昔も今も何ら変わるものではありません。それは、いかに不動産鑑定評価基準の考え方が整備され、いかに的確な資料が収集できたとしても、鑑定評価額の決定に至るまでには不動産鑑定士の判断が随所に介入することが避けられないからです。

　また、差の生じた要因が個々の資料の信頼性（精度）に起因することも考えられます。

　不動産鑑定士は個々の案件の鑑定評価に当たり、常にこのような場面に遭遇しますが、これも鑑定評価に携わる者の宿命ともいえます。

第 7 章

試験に合格してからの
道のりとキャリアアップ

本章は、不動産鑑定士の資格登録を済ませた後に、実際にどのようにして知識・経験を積み、社会に貢献できる不動産鑑定士になっていくかを考える重要な章です。

　不動産鑑定士資格を登録した段階では、まだ、資格者としてのスタート台に立ったというに過ぎません。その後の実務経験がなければ、資格登録をするに当たって蓄積した知識はすぐに忘れ去られていきます。そうなれば、宝の持ち腐れとなり、せっかくの努力が水の泡と化してしまうことになります。

　以下、本章では、不動産鑑定士資格の登録を終えた人を、その後も引き続き鑑定業者のなかで仕事をする人と、鑑定業者以外の会社等で仕事をする人の２つのパターンに分けて、それぞれの置かれた環境に応じたキャリアアップの方法を考えていきます。

1 | 鑑定業者において仕事をする人の キャリアアップ方法

　最もオーソドックスな方法は、組織または所属する事務所が実際に依頼された鑑定評価の案件について指導鑑定士（あるいは鑑定士の先輩）と処理方法を事前に打ち合わせをし、その後の作業を１人で手掛けるやり方です。

　事前に打ち合わせする内容は、対象物件の調査方法（市役所等のどこの窓口でどのような事項を調べるのか、法務局ではどのような資料を収集するか等）や評価の方針です。

　評価の方針としては、それぞれの案件の類型（更地・建物およびその敷地等）

図表1 キャリアアップの方法

- 実務書
- 指導鑑定士（先輩鑑定士等）
- 市役所担当窓口（都市計画課等）
- 法務局窓口（司法書士含）
- 研修受講

キャリアアップの方法

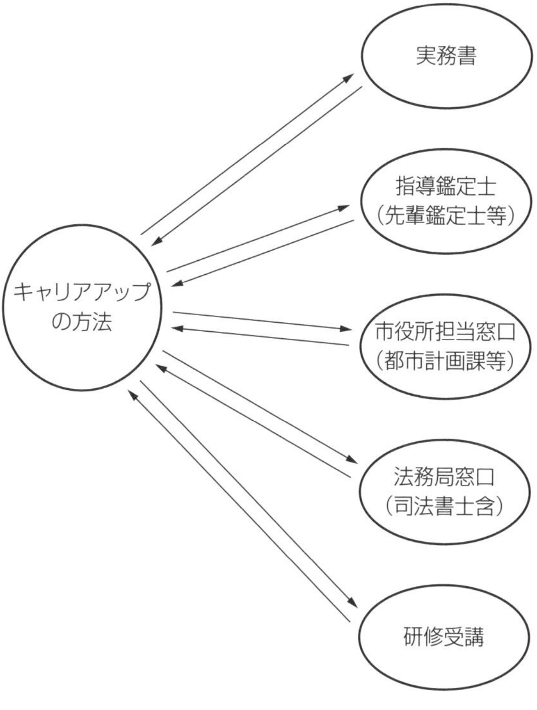

に応じてどのような手法を適用するのか、そのための資料をどこでどのように調べるのか等が中心となります。そして、作業をしていく段階で疑問に感じること、わからないことがあれば、次のような方法で納得のいくまで確認していくこととなるでしょう（イメージ図は **図表1** を参照ください）。

〈キャリアアップの方法〉

(1) 実務書で調べる。

(2) 指導鑑定士（あるいは先輩鑑定士・社内外の鑑定士）に質問する。

(3) 都市計画法や建築基準法等の公法上の規制については市役所の窓口で尋ねる。

(4) 登記の内容に関することであれば法務局の窓口に尋ねる（あるいは知り合いに司法書士がいればその人に尋ねる。測量に関する内容であれば測量士、土地家屋調査士）。

(5) 研修を受講する。

以下、筆者の経験に基づいてそれぞれの項目について述べていきます。

1 実務書で調べる

鑑定実務の書籍は現在多く出版されていますが、具体的な案件に遭遇した時にストレートにその処理方法が記載されている書籍は意外と少ないものです。その理由としては、（ア）鑑定評価の案件は個別的に内容が異なり、ある処理方法が他の案件にそのまま当てはまるとは限らないこと、（イ）計算例が記載されていても、そこで用いられている数値は1つの前提数値であり、自分が実際に手掛けている案件にそのまま適用できないこと等が考えられます。

ただし、案件処理に当たっての基本的な考え方は、書籍に解説されている内容と実際の案件で共通するものがあり、実務書からこれらの部分を学ぶことができます。例えば、次のような項目がこれに該当します。

① 自分が調べようとしている土地の接する道が狭いが、建築基準法上の道路といえるかどうか（実際には市町村等の窓口で確認しますが、そのため

の知識を事前に蓄えるため実務書を紐解く等)。

② 都市計画等の規制をインターネットで調べたところ、「第3種高度地区」と記載されているが、これはどのような意味か。

③ 登記事項証明書を取り寄せたところ、土地の乙区欄に「地役権設定」という記載があるが、これによってその土地がどのような規制を受けるのか。

④ 取引事例比較法の適用に当たり、評価の対象地と取引事例地の最寄駅からの距離をどの程度価格差として織り込めばよいか。

⑤ 収益還元法の適用に当たって、純収益を割り戻して価格を求める際に用いる利回り（還元利回り）はどのような考え方で査定すればよいか（純収益÷還元利回り＝収益価格）。

以下、鑑定評価に関連する実務書をジャンル別に挙げておきます（イメージ図は **図表2** を参照ください)。

図表2 鑑定評価に関連する実務書

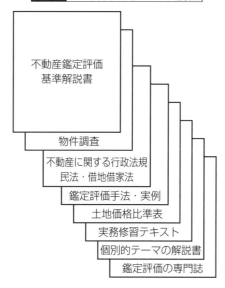

不動産鑑定評価
基準解説書

物件調査

不動産に関する行政法規
民法・借地借家法

鑑定評価手法・実例

土地価格比準表

実務修習テキスト

個別的テーマの解説書

鑑定評価の専門誌

〈鑑定評価に関連する実務書〉

① 不動産鑑定評価基準そのものの解説書……基準の解釈や考え方

② 物件調査に関する解説書………………登記簿・公図・公法上の制限調査・私法上の制限調査・土壌汚染等

③ 不動産に関する行政法規の解説書…………受験時代に使用したものも含む

④ 民法、借地借家法に関するもの……………受験時代に使用したものも含む

⑤ 鑑定評価の手法の適用例を紹介したもの…意外と少ない

⑥ 鑑定評価書の実例に関するもの……………意外と少ない

⑦ 土地価格比準表………………………………格差率の参考

⑧ 日本不動産鑑定士協会連合会実務修習テキスト……理論編・評価書編

⑨ 個別的な問題を取り上げた解説書（借地借家、賃料（地代・家賃）、収益還元法、私道、道路、担保不動産、財団、固定資産税、財産評価基本通達、競売不動産等）

⑩ 鑑定評価の専門雑誌…………………………月刊あるいは季刊のもの

　以上の他にもいろいろあると思われますが、大まかな範囲はこのようなイメージです。

　鑑定評価に関する書籍といえば不動産鑑定評価基準の解説書をすぐ思い浮かべがちですが、解説書は基準そのものの解説であり、数値や金額を具体的な計算式に当てはめて解説しているわけではありません。その意味で、実務に就いた時には、「基準に当てはめて価格を試算したものの、果たしてこれで間違いないか」という疑問が湧いてくることも少なくないと思われます。

　実務書を紐解いただけでは直面する疑問点をすぐに解消できるとは限らず、次に指導鑑定士（あるいは先輩鑑定士、社内外の鑑定士）に質問してアドバイスをもらうことが欠かせないといえます。ただし、実務書は、先程も述べたよ

うに、案件処理に当たっての基本的な考え方を身に着けるための手段として有用です。知識の蓄積のためにも、これと思う書籍は是非手元に備え付けておきたいものです。

COLUMN ⑮

鑑定評価の実務書がなかなか見つからなかった時代

　鑑定評価の制度が発足してから相当の間は、鑑定実務は本を読んで覚えるのではなく体で覚えるものだ、理屈よりも先に手足を動かすものだという風潮が強かったようです。そのためか、当時から市販されていた書籍は不動産鑑定評価基準の解説書と土地価格比準表くらいで、ほかには不動産鑑定士になりたての人がすぐ読める手頃な実務書がみつからなかったように記憶しています。確かに、鑑定実務に就いた場合、地域要因や個別的要因に関する資料、取引事例その他を収集して分析し、事例地を歩いて回るという作業をするには理屈よりも手足が先に動かなければ仕事にはなりません。このことは今でも変わりはありませんが、当時と異なることは、今は実務の解説書が刊行されていることです。これは、不動産鑑定士になりたての人にとってはラッキーなことだと思います。

2　指導鑑定士（あるいは先輩鑑定士・社内外の鑑定士）に質問する

　実務書を紐解いてもわからないこと、自信がないことがあれば、身近にいる指導鑑定士に教えてもらうのが最も手っ取り早い方法です。指導鑑定士がいなければ先輩鑑定士に尋ねるのもよいでしょう。また、社内外の鑑定士仲間に相談する方法もあります。いずれにしても、わからないことは早めに解決しなければ作業がその先進みません。

　このようにして、でき得る限りの方法で疑問点を解消しながら鑑定評価額の試算を行った後に待ち構えているのが、その結果が一般常識という視点からみて違和感がないかどうかという検証です。もともと、相場をつかむのが難しい案件も多いわけですから、「一般常識からみて」といってもすぐには的確な答

えが出てこないケースもあります。しかし、違和感があるかないかという視点はかなり重要です。

　鑑定評価額の試算を行った後に指導鑑定士と再度の打ち合わせを行うこととなりますが、この段階で、自分の行った試算過程に誤りはなかったかどうか、採用した資料は適切であったか、見直すべき点はないかどうか等についての検討が求められます（図表3）。実は、この機会こそ、実務に関してノウハウを蓄積できる絶好のチャンスといえます。

図表3　試算過程と資料の見直し

試算過程

鑑定作業
担当不動産
鑑定士　　資料の適切性　　指導鑑定士

見直すべき点

　自分自身としては緻密に鑑定作業を行ったとしても、その結果が実態を十分反映せず、依頼者に説得力をもって説明できないものであれば、再度見直しをする必要が生じます。自分が気付かない点に誤りがあれば指導鑑定士が指摘してくれることでしょう。

　不動産鑑定士資格を取りたての人に往々にしてありがちなことは、細かな鑑定手法（テクニック的な側面）を知っている人が専門家であると思い込んでしまう傾向にあるという点です。もちろん、鑑定評価の専門家であるからにはこのような手法を知っていることが前提条件であり、そのために必要な試験を通過してきているわけですから、これは当然といえば当然のことです。問題は、求められた結果を依頼者にいかに説得力をもって説明できるか、依頼者からの質問に対していかにわかりやすく説明し納得を得られるかにあります（図表4）。

　細かな計算手法にのみ目を向け、それを適用できることに満足していれば、専門家に求められる説明責任を十分に果たすことができず、その先のキャリアアップを図っていくのが難しくなります。そのようにならないためにも、指導

鑑定士や先輩鑑定士との対話や意見交換は極めて重要です。

　このようにして鑑定評価額を決定した後に、鑑定評価報告書の作成、鑑定評価書の作成へと進み、製本が仕上がった後にいよいよ依頼者への説明の段階に移ります。一概に依頼者といっても、鑑定評価に関する知識の有無とその度合いは大きく異なります。依頼者の多くは鑑定評価に関してほとんどが直接の関わりを有していない人であると思われます。しかし、鑑定評価のような特殊な分野に関してはそうであるとしても、その人本来の担当業務に関してはプロレベルの存在の人が多くいます。ものの見方、とらえ方の異なる依頼者の視点から不動産鑑定士が質問を受けた場合でも、的確な回答ができなければ理解を得られないかも知れません（**図表5**）。

　このような場面に遭遇した場合には冷や汗をかきますが、苦い経験を味わいながら、どのように説明すれば依頼者の理解を得られるかを考えつつ鑑定業務に携わることも実務能力の向上を図るための糧となります。

　指導鑑定士や先輩鑑定士・社内外の鑑定士仲間も、鑑定士としての駆け出しの頃は多かれ少なかれ同じような経験をしているものです。折に触れて経験談

図表4 依頼者へのわかりやすい対応が必要

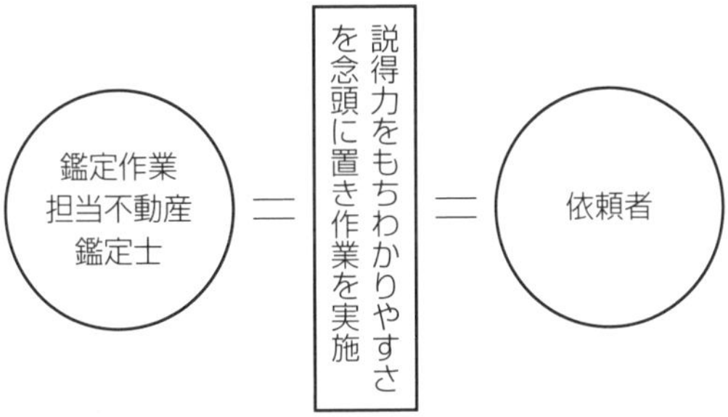

鑑定作業担当不動産鑑定士 ＝ 説得力をもちわかりやすさを念頭に置き作業を実施 ＝ 依頼者

図表5 依頼者の知識の範囲は様々

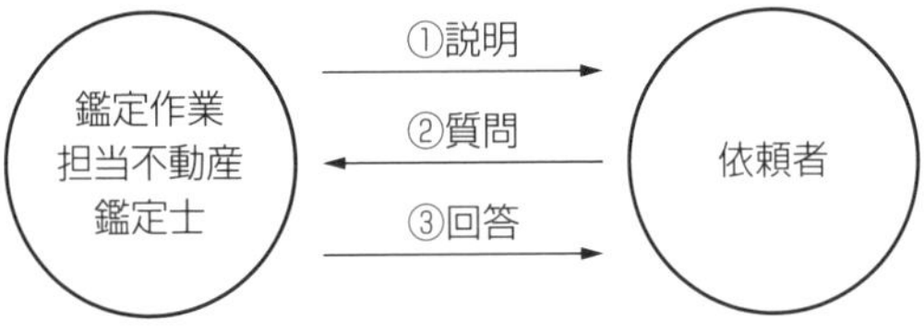

鑑定作業担当不動産鑑定士
①説明
②質問
③回答
依頼者

を聞いてみることも役立つでしょう。

　また、鑑定評価を継続的に営んでいる鑑定機関（大手・個人事務所とも）では、鑑定評価先例があり、過去に取り扱った案件の鑑定評価書が保管されていることと思います。鑑定評価に当たり、類似する案件の鑑定依頼を受けた場合には、先例を参考にすることも大いに参考になります。実務書に直接記載されていない事項でも、先例の鑑定評価書を見ればヒントが得られるかも知れません。指導鑑定士に教えを乞いながら、先例を参考にしつつ自ら考える習慣をつけていくことも実務能力の向上に役立つことでしょう。

COLUMN ⑯

本当にあった笑えない話

　今から大分前のことですが、筆者の知人で不動産鑑定士の方が訪ねてきました。雑談中に出た話ですが、その方がある依頼先に鑑定評価書を納品に出向き、担当者に渡そうとして一頁目を開いたところ、金額の記載ミスに気付き、持ち帰って再度納品をしたそうです。その時はものすごく冷や汗をかいたそうですが、鑑定評価書本文のチェックに大半の時間を注ぎ、肝心の鑑定評価額の記載ミスに気付かず、依頼者の目の前ではじめて気付いたとのことでした。鑑定評価書には至る個所に金額や数値が登場します。これらを含めて成果品のチェックには十分留意すべきことを思い知らされます。

---

3 都市計画法や建築基準法等の公法上の規制については市役所の窓口で尋ねる

　筆者も何度も経験しましたが、不動産に関する行政法規は実際の案件に当てはめてとらえなければわかりづらいものです。不動産鑑定士試験を受験する時には短答式の必須科目として条文の暗記を強いられますが、それだけではなかなか実務に直結しません。試験勉強で得た知識は実務をスタートさせるに当たっての踏み台になりますので、それなりの意義を持っていますが、行政法規の実務への適用は相当奥の深いものとなっています。実務書を紐解いただけで、

一般の人がすべて理解するにはハードルが高いといえそうです。しかし、鑑定実務にとって行政法規の理解は不可欠であり、特に土地利用の規制の程度が鑑定評価額に与える影響度には大きなものがあります。

　そこで、筆者は、実際の案件を評価するに先立ち市町村等の窓口を訪ねた時に、疑問に思うことを窓口の担当者に質問して教えてもらうことにしています。例えば、用途地域をはじめその土地に建築可能な建物の用途を調べるため市役所の都市計画課を訪ねた時に、その結論だけでなく、日頃からわからないと感じていたことがあれば併せて教えてもらうことにしています。実際の建築に関連して、建蔽率とか容積率とか、いくつかの制限が設けられていますが、このようなことに関しても、建築課等の窓口で質問すればよく教えてもらえることが多いといえます。もちろん、窓口が込み合っている時は別ですが。

　市役所の業務分担はいくつもの部署に分かれています。例えば、上記に掲げた都市計画課や建築課のほかに、水道課・下水道課・環境課・道路課・教育委員会の文化財課等をはじめ様々です（**図表6**）。

図表6 市役所の調査窓口

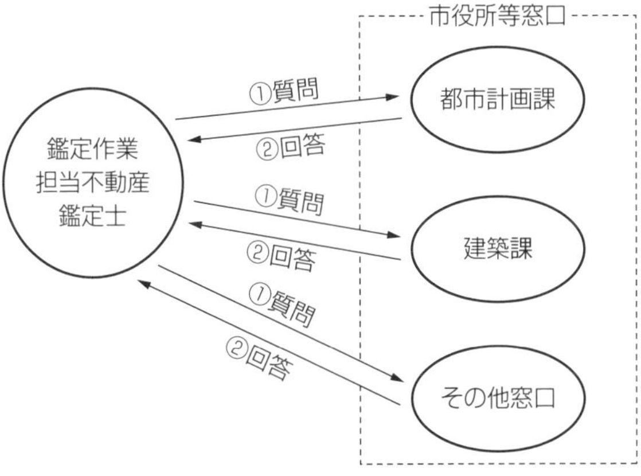

　自分で調べてわからないことがあれば、これらの窓口で質問するのが活きた知識を得る絶好の機会であると思われます。その際には、初心に戻って質問する方が、相手方が親身になって教えてくれることが多いでしょう。その方が、

一度聞いてわからなければ再度質問しやすくなります。このようにして仕入れた知識を基に、実務書を紐解きながら振り返ってみると、「この条文で意味していることは実際にはこのようなことか」と気付かされます。筆者は、不動産の物件調査に関する書籍も数冊著していますが、そのベースはまさに以上述べた知識経験に基づいています。

4　登記の内容に関することであれば法務局の窓口で尋ねる

　行政法規に関することと同様に、不動産の登記事項に関する内容でわからないことがあれば法務局の窓口で尋ねるのが最も確実な方法です。その際には、登記事項証明書を持参して、あるいは法務局で証明書を受け取り目を通したところで質問する方がよいと思います。

　登記の内容に関する質問に関して、直接電話しても回答をもらうことは難しいといえます。物件調査時に法務局に出向いて質問した方が確実です。

　以下は、はじめて実務に携わった人、あるいは実務経験の浅い人がしばしば遭遇する場面を想定した内容です。これを心得ておかなければ、法務局に質問するにしてもトンチンカンな応答に終始してしまいます。

〈地番と住居表示の相違〉

　住居表示（例．○○町○丁目○番○号）が実施されていない地域では、土地の地番（登記簿に表示されている土地の所在場所を特定するための番号。例えば、○○町○○○○番○○）がそのまま住所を示す番地として用いられています。

　しかし、人家が多く密集している市街地では、土地の地番のみによる表示では区画が整然としていない場所も多く、何かと不都合を生じることが多いため、一住居ごとに居住場所を示す（地番とは別の）番号を付して表示していることが多いといえます（＝住居表示の実施）。このような市町村においては住居表示と土地の地番表示とが相違することから、住居表示だけを頼りに調査を行ったのでは不十分な結果を招くことになります（**図表7**）。

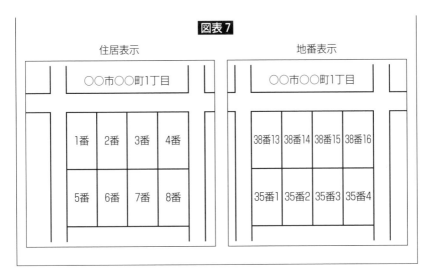

図表7

住居表示

○○市○○町1丁目

1番	2番	3番	4番
5番	6番	7番	8番

地番表示

○○市○○町1丁目

38番13	38番14	38番15	38番16
35番1	35番2	35番3	35番4

例えば、以下のようなケースがこれに該当します。

① 住居表示に示されている場所が登記簿や公図に見当たらない。

② 住居表示に示されている場所は確かに登記簿や公図に実在するが、本来調査しようとしている物件とは別物件である（例えば、調査対象地の住居表示が「○○市○○町5番8号」で地番表示が「8番30」となっている場合、登記簿や公図で「5番8」の土地を探し出したとしても別の物件を調査したことになってしまう）。

このようなことから、物件調査においては評価対象地の所在場所が地番表示によるものか住居表示によるものかをまず確認し、後者による場合には事前に地番表示を確認した上で法務局に出向く必要があります。調査の依頼者から提供された情報が住居表示のみの場合、改めて登記簿上の地番を確認しておかなければ調査に手間がかかります。

仮に、事前にこのような方法で確認することができない場合には、法務局に出向き、「住居表示と地番の対照表」やあらかじめ用意してきた図面（住宅地図等）を参照しながら、法務局備付けの図面（「ブルーマップ」とも呼ばれます）上で住居表示に該当する場所を探し、そこに記載されている地番を調査した上で登記簿や公図を確認することが必要となります。このような手順を踏む

ことによって、はじめて対象地を特定することが可能となるわけです。

〈参考〉住居表示について

　住居表示が実施される以前は、登記簿の地番が住居を表示する手段としてそのまま番地に用いられていました。しかし、地番そのものが必ずしも秩序良く付されていないこと、多数の家屋が同じ地番内にある場合にはその場所が不明瞭となること等から様々な不都合が生じ、昭和 37 年 5 月 10 日、「住居表示に関する法律」が公布された経緯があります。ただし、全国的に見た場合、市街化の程度のいかんにより住居表示が実施されていない場所も多く存在しますので、その都度確認が必要です。

5　研修を受講する

　不動産鑑定士に限らず、キャリアアップを図る手段として研修を受講する方法があります。以前は集合研修が主体をなしていましたが、現在は E ラーニングによる方法がむしろ中心となっています（公益社団法人日本不動産鑑定士協会連合会による研修講座等）。

　従来の集合研修のテーマとしては、例えば不動産鑑定評価基準の改正に伴う留意事項を解説するものとか、都市計画法・建築基準法改正に伴う鑑定評価上の留意事項など、トピックス的なものが主体でした。しかし、現在では上記以外の専門研修や倫理研修なども E ラーニングに収録し、多様な講座が設けられています。

　研修という性格からして、実務で遭遇した疑問点に即座に応えるというものではありませんが、基礎知識を蓄えたり、応用能力を養成するのに役立つという側面があります。ただし、集合研修の際には講師に質問をすることもできましたが、E ラーニングではこれができない点を踏まえておく必要があります。

　なお、研修を補足する手段ですが、日本不動産鑑定士協会連合会や各都道府県不動産鑑定士協会から会員向けに発信される研究成果物等も大変参考になります。

集合研修の後の「飲み会」も昔話

　筆者がかつて集合研修に参加していた頃は、研修を受講することは当然のこととして、そこに参加していた鑑定士仲間と終了後の「飲み会」を楽しみにしていました。しかし、今となっては昔話のような気がします。それは、集合研修そのものがあまり開催されなくなったことの他に、コロナ禍の影響により「飲み会」そのものが制限されていることも大きく影響しています。研修で疲れた後にひと息つくというスタイルそのものが変革を迫られていることかも知れませんが、一面では寂しさも感じます。

鑑定業者以外の会社で仕事をする人のキャリアアップ

　不動産鑑定士の資格取得を目指す人のなかには、鑑定業者の事務所以外の会社や法人（役所を含みます）に勤めながら受験をする方も多く見受けられます。このようなケースに該当する場合、キャリアアップの方法は上記1で述べた「鑑定業者において仕事をする人のキャリアアップ方法」とは若干異なるものとなります。その理由は、このようなケースに該当する人は、資格取得後は鑑定評価書を作成する立場ではなく、鑑定評価書を読む（利用する）立場に立って業務に従事することになるからです（**図表8**）。

図表8 鑑定評価書を読む立場

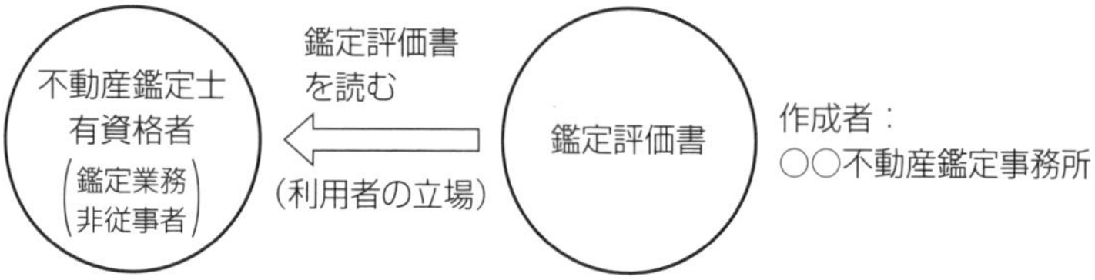

その意味で、資格取得後は鑑定実務の第一線からはやや遠ざかることになります。したがって、当然のことながら実務感覚を錆びつかせないための研鑽が求められてきます。

　以下、キャリアアップの方法を上記1に述べた方法と対比させながら述べていきます。

1 実務書で調べる

　基本的には上記1で述べた方法と変わりありません。ただし、既に作成された鑑定評価書を読むという立場にあるわけですから、鑑定評価書を読んでいて疑問に感じたこと、理解しにくい事項を実務書で調べるという方法が中心となります。また、それだけでなく、資格取得の際に蓄積した知識・経験のレベル

を維持していく必要があります。そのため、実務書に幅広く目を通し、メンテナンスをする心構えが不可欠です。

2 指導鑑定士に代わり得る人とのつながりを密にしておく

　企業勤めをしながら資格を取得する人の場合、実務修習は外部の鑑定機関にお世話になることが通常です。そのため、自分の所属する企業には指導鑑定士はおらず（そもそも鑑定業者登録はしていない企業がほとんどでしょう）、身近に質問する人がいないのが通常です。

　したがって、指導鑑定士に代わり得る人とのつながりを密にしておくことが重要です。

　もちろん、実務修習の時にお世話になった指導鑑定士とその後のコンタクトを取れるような付き合い方をしておくことも重要ですし、実務修習の同期生とのつながりも1つの手段です。社内に相談相手がいない場合、社外の人に教えを乞うことが必要です。

　もし、自分がその属する不動産鑑定士協会の会員となっている場合は、そこに所属する友人がいれば教えを乞うとか、不動産に関するプライベートな勉強

図表9 不動産鑑定士のネットワークを広げる

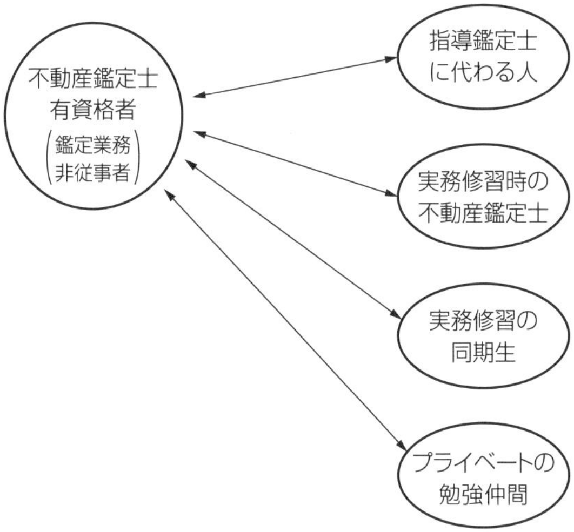

不動産鑑定士
有資格者
（鑑定業務
非従事者）

指導鑑定士
に代わる人

実務修習時の
不動産鑑定士

実務修習の
同期生

プライベートの
勉強仲間

会に参加して不動産鑑定士の友人を見つけるとか、ネッワークを広げる手段が考えられます（**図表9**）。

　それだけでなく、鑑定評価を依頼する立場にある人の場合、当然のことながら依頼した案件の鑑定評価を実施した不動産鑑定士と直接的なコンタクトができるわけですから、このようなつながりを活用しないのは惜しいことです。その意味で、人脈作りは大切です。

3　都市計画法や建築基準法等の公法上の規制については市役所の窓口で尋ねる

　実際に鑑定評価書を作成する立場を離れた場合、このような公法上の規制について市役所等に尋ねる機会も少なくなると思います。鑑定評価書に記載されている公法上の規制を念頭に置いた上で、鑑定評価書の記載内容や鑑定評価額に目を通すことが中心となります。そのため、今までに培った知識・経験を維持していくためにも、鑑定評価書のこれらの記載に目を通しながら、実務書を適宜紐解いて実務感覚を忘れないようにしておくことが望まれます。もちろん、必要な場合にはいつでも市役所の窓口を訪ねて教えてもらえばよいわけです。

4　登記の内容に関して

　これに関しても、基本的には上記 1 4 で述べた内容と変わりはありません。

5　研修を受講する

　自身が不動産鑑定士協会の会員となっている場合は、そこで実施される研修を受講することによってメンテナンスを図ることが可能となります。

6　企業勤務の強みを活かす

　企業勤務の不動産鑑定士の場合、鑑定専業で業務に従事している不動産鑑定士に比べて強みを活かせるところがあります。それは、不動産全体を見渡しながら鑑定評価の位置付けや役割りを客観的にとらえることができるという点で

す。企画部門や総務部門に身を置く不動産鑑定士にとっては、この点が武器となるでしょう。また、社内における不動産鑑定士資格者ということで信用力が増し、鑑定評価に関する相談だけでなく不動産全般にわたる相談も寄せられます（例えば、売買契約、賃貸借契約、自社不動産を賃貸する際の賃料の決め方、売買が得か賃貸が得かの意思決定等）。

　その意味で、不動産鑑定士資格を取得することにより、企業内での不動産問題のエキスパートとなって活躍する機会も登場します（**図表 10**）。

図表 10 企業内で専門知識を活かす

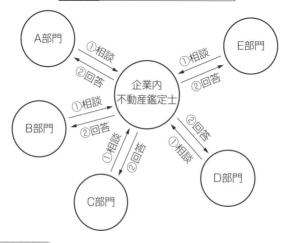

不動産鑑定士の活躍舞台は鑑定評価書の作成場面だけではない

　不動産鑑定士の活躍舞台は鑑定評価書の作成場面だけでなく、むしろ不動産に関わる問題全体にわたるといえます。要は、不動産問題のベースとなる価格のとらえ方を踏まえた上で、企業や個人、あるいは社会でに生起する様々な不動産問題の解決指針を提供できる能力が問われます。このように考えた場合、寄せられた様々な質問に対し、相手方がわかりやすく、納得できるような回答を模索していくことがキャリアアップにつながります。専門用語を使用してしか回答できないということであれば、自分自身がまだ本当にわかっていないということでもあり、自分が知っている内容を列挙しているだけだと受け止められることにもなりかねません。

3 | キャリアアップを目指す上で判断に迷うこと

　不動産鑑定士になりたての人すべてに共通することですが、実際の案件を処理していく上でテキスト等には記載されていない内容で判断に迷うことがしばしばあります。例えば以下の項目がこれに該当します。

① 鑑定評価の対象とする不動産の範囲・形状・接道状況等を図面上で明確に特定できない場合

　鑑定評価の案件を数多く手掛けていくうちに、このようなケースに遭遇することもあり得ます。このような案件に関しては、このままの状態では鑑定評価をなすための要件が整っておらず、実施は困難となります。

② 対象不動産に他人の権利が付着しており所有者が自由に使用できない場合に価値の減少をどの程度織り込めばよいか

　所有地を賃貸している場合がこれに該当しますが、全国どこでもよくあるケースです。ただし、不動産鑑定士になりたての人には戸惑う案件だと思います。

③ 土地勘のない地域（あるいは取引が極めて少なく相場がつかみにくい地域）で鑑定依頼を受けた場合はどのようにすれば明確な根拠を持った評価額が求められるか

　不動産鑑定士のノウハウに属する事項ですが、このような場合にも対応できるよう日頃から調査方法を練るとともに、必要な価格情報を入手できるよう日頃から人脈づくりに励んでおくことが役立ちます。

④ 市街化調整区域内にあっても建物の建築が認められる例外的なケースで土地と建築不可の土地の価格差をどの程度見ればよいか

　これも不動産鑑定士のノウハウに属する事項です。不動産鑑定士になりたての人だけでなく、経験を積んだベテラン鑑定士でも容易に答えが出るとは限りません。これに関しても、上記③と同じことがいえます。

以上述べた内容は判断に迷う事項の例示に過ぎませんが、鑑定評価の案件をこなしていく上で少なからず遭遇するものです。このような案件を不動産鑑定士になりたての人がいきなり1人で処理するのは戸惑いもあることでしょう。その意味で、鑑定士仲間で相談できる人とのつながりは大切です。

COLUMN ⑲

不動産鑑定士にとって人は重要な財産

　不動産鑑定士は物を扱うのは得意だが、人と接するのは苦手だという話を耳にすることがあります。これは、不動産鑑定という仕事の相手が文字どおり「不動産」であり、しかもその価格を求めることを中心としており、決して交渉ごとはなく、黙って仕事をしていても用が足りるというという側面をとらえてのことだと思われます。

　確かに、鑑定評価の一連の作業を振り返ってみれば、このような話も当を得ているかも知れません。しかし、筆者は、不動産鑑定士にとって最も大きな財産は人であると考えています。それは、初めて手掛ける難易度の高い案件を1人で進めていくことになった場合、どのような方針で処理をすればよいのかを具体的に相談できる不動産鑑定士がいれば大変心強いからです。

　人と上手に付き合えるかどうかという問題は、どんな世界でも重要なことと思いますが、不動産鑑定士の世界においても同じです。試験に合格したというだけでは、人と人とのつながりまで蓄積されるわけではありません。

　同業の不動産鑑定士は一面では鑑定評価の受注をめぐる競争相手かもしれませんが、キャリアアップを図っていく上でつながりの深い貴重な財産です。

4 | キャリアアップ後の進路 ——独立開業を目指す場合

　不動産鑑定士で個人事務所を営んでいる人は多くいます。見方を変えれば、組織に属している不動産鑑定士よりも個人事務所に属している不動産鑑定士の方が圧倒的に数が多いといえます。それでは、このような方々は資格を取得してキャリアアップ後、どのような進路を経て独立開業しているのでしょうか。

　筆者は組織に属して不動産鑑定の仕事をしており、個人事務所を構えているわけではありませんが、筆者の周りの鑑定士仲間や知人で独立している人も多く、このような人たちの例を参考に、パターンを分けて述べてみたいと思います。

　個人事務所を開業している人がたどってきた進路を大きく分類すれば、やはり本章で述べてきた上記1および上記2のパターンから出発しているといえます。

　すなわち、大きくは、資格取得後、①鑑定をメイン業務にする組織（企業）または鑑定事務所で経験を積む、②企業勤めをした後に鑑定事務所で経験を積む、という流れになります。

　以下、それぞれのケースを眺めてみます。

1 鑑定をメイン業務にする組織（企業）または鑑定事務所で経験を積む

　筆者の知る人で、現在個人の鑑定事務所を開業している人のなかにはこのパターンをたどって独立している人が多くいます。むしろ、独立を考えている人にとってはお決まりのパターンかも知れません。このパターンをさらに区分すれば以下のとおりです。

〈ケース1〉資格取得後、一定期間組織または鑑定事務所で経験を積んで独立する。

〈ケース2〉資格取得後、引き続き同じ組織で業務に従事し、定年後に独立

する。

　〈ケース1〉の場合、組織に属するか鑑定事務所に属するかは別として、筆者の知人には資格取得後5年から10年程度経験を積んで独立している人が多く見られます。独立後の仕事は、地価公示・地価調査・相続税路線価（精通者）・固定資産税評価・裁判所鑑定委員・競売評価等が主体をなしていますが、民間からの鑑定依頼が多い人もいます（どのような得意先から鑑定依頼があるかについては、その事務所の方針やノウハウに関わる事項です）。

　〈ケース2〉の選択は、大手鑑定機関に所属する不動産鑑定士の方に多く見受けられます。

　その背景には、経済的に安定した生活を営みつつ、不動産鑑定を生涯の糧として専門家の道を歩むという意識のもとに定年まで同じ組織で過ごし、定年後に自分の事務所を構えるという生涯計画があるものと思われます。自分の事務所を構えた後の仕事の進め方として、①前職からの依頼案件を処理する、②前職とはまったく無関係の依頼先の案件を処理する等、その人の方針次第で選択肢があるようです。ただし、公的評価の仕事の場合、やはり一定の定年年齢が設けられていることが多いことも念頭に置く必要があります。

　また、定年後に開業した場合、仕事半分、趣味半分という生活パターンを築いている人も少なくありません。

2　企業勤めをした後に鑑定事務所で経験を積む

　筆者の知人のなかには、このようなパターンをたどって独立している人もいますが、そのパターンをさらに区分すれば以下のとおりです。

〈ケース1〉一般企業を途中で退職し、その後に鑑定事務所で経験を積んで独立する。

〈ケース2〉一般企業で定年まで過ごし、その後に鑑定事務所で経験を積んで独立する。

〈ケース1〉を選択する方の場合、職業選択の次のステップとして独立開業がゴールにあり、そのための実務経験を積む場として、先輩の事務所等にお世話になるケースが典型的であると思われます。そして、独立後の仕事は、最初は地価公示や地価調査等を中心に、先輩事務所のアシスタント的な業務を受け持ち、徐々に相続税路線価（精通者）、固定資産税評価等の業務に拡大していく傾向が見られます。年代的にも40歳から50歳位が中心となっているようです。

〈ケース2〉の選択をする方は数が少ないと思われます。一般企業で定年まで過ごした場合、その企業が鑑定業登録をしていない限り、不動産鑑定士資格は有していても鑑定実務の経歴がないため、定年後に鑑定事務所で経験を積んでから開業ということになります。

年齢的な問題や鑑定実務のノウハウの蓄積等を考慮すれば、軌道に乗せるまでに時間もかかることが予想されます。ただし、なかには民間の一般企業を定年退職後、一念発起して個人事務所を開業し、その後相当期間にわたって実務の第一線で活躍された方もいますので、生き方は実に様々です。健康が続く限り定年はなく、専門家としての道を歩んでいけるのは何物にも代え難く、他の士業と同じく不動産鑑定士に与えられた強みでもあります。

COLUMN ⑳

60歳定年で会社を退職後に75歳まで現役として第一線で活躍した人

今から10年以上は遡る話となりますが、私の出身大学の先輩で不動産鑑定士資格を持ち、某大手民間企業に新卒時から60歳定年まで勤務した方がいました。その方は、資格を取得する際には出向の形で他の鑑定機関にお世話になったそうですが、会社に戻って以来、鑑定業務そのものは行っていませんでした。ただし、企業の資産管理や用地売却等の仕事に携わっており、不動産業務そのものには精通していました。そして、60歳定年とともに個人事務所を開業し、しばらくは閑散としていたそうですが、徐々に多忙となり75歳まで現役を務めた後、事務所を閉鎖しました。生涯現役とはこのような人のことを指すのかと思うと、筆者ももう少し頑張れるかも？　と思いはじめています。

第 8 章

不動産鑑定士の他士業との連携
および社会貢献のために

本書では、不動産鑑定士の仕事やその魅力、苦心談、キャリアアップ等について以上の章立てをもとに、筆者の経験談を交えながら述べてきました。

　これらを通じて、不動産鑑定士という職業が決して派手な仕事でなく、どちらかといえば地道な仕事に近いことを理解してもらえたのではないでしょうか。不動産鑑定士の仕事は地道な割には試験が難しいとか、受験を思い立ってから資格登録を済ませるまでに相当の年月を要するという話はよく耳にします。実際にそうであるかもしれません。しかし、不動産鑑定士の仕事の社会的意義や使命を考えた場合、試験が難しく、登録までに相当の年月を要するというのは、一面では当を得ていることも事実です。

　不動産鑑定士には、不動産の価値を適正に評価するという本来の任務の他に、不動産に関する総合コンサルタントとしての役割りが期待されています。その意味で、弁護士・公認会計士・税理士・司法書士・土地家屋調査士・測量士等の他士業に身を置く専門家と一体となり、身近に起こり得る不動産問題を解決するための知識・経験・判断力が求められています。

　このような高度な業務に携わることを踏まえれば、それなりの能力や経験が問われてくるということになります。

　次に、不動産鑑定士が他士業と係わるコンサルタント的な仕事のイメージを、相続問題を例に取り上げてみます。

1 │ 他士業との連携──相続問題を例として

　例えば、親族間で不動産を共有しており、その状態で相続が発生したとします。その後に相続人間で遺産分割をする際に時価評価をする必要が生じます。相続税の申告や納付は相続税評価額（路線価等を活用します）をもとに行うものの、遺産分割は相続税評価額とは別の不動産の時価（周辺取引事例や公示価格等をもとに求めます）で行うことが多いといえます。ここに鑑定評価の専門家である不動産鑑定士の登場場面があるとともに、鑑定評価のニーズや活躍の場が潜んでいます。

　相続人間における将来の紛争防止のためには、不動産を共有形態で所有するのは決して望ましいことではありませんが、現実には相続発生後の争いごとまで深く考えて所有形態を決めているわけではありません。そのため、1つの不動産を共有にしておくケースも多々見受けられます。このように共有となっている不動産を、現物を分割して関係者に配分するだけでなく、それが物理的に不可能な場合にどのような方法で相続人間に分割し得るかという問題に不動産鑑定士が関与し、公平な立場からアドバイスをすることも可能です。

　当事者が、裁判によらず任意に相続不動産を分割しようとする際、最初から不動産鑑定士に鑑定評価を依頼しようと考えつくでしょうか。もし、当事者にそのような認識があれば、個人から不動産鑑定士が直接依頼を受けるケースはもう少し多いと思われますが、実際問題、このようなケースはむしろ少ないといえます。一般的には、弁護士や税理士から不動産鑑定士に相談があり、依頼者の意向を踏まえてその後に鑑定評価に着手するという流れが多いと思われます。

　相談を受ける不動産鑑定士としては、依頼者が現物による分割を希望するのであれば、物理的に見てその不動産の分割が可能かどうか、可能な場合はどのような位置に分割すれば各人の持分に相応する評価額を確保できるかを検討します。しかし、実際には1つの不動産を途中で区切って分割するのは難しいこ

とが多いといえます。例えば、親族2人が共有する戸建住宅があり、そこに共有者の相手方1人が住んでおり、これを2つに分割してそれぞれの財産とするというのは不可能に近いことです（**図表1**）。

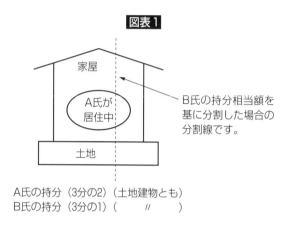

図表1

B氏の持分相当額を基に分割した場合の分割線です。

A氏の持分（3分の2）（土地建物とも）
B氏の持分（3分の1）（　　〃　　　）

　このような場合、対象不動産の持分を現在住んでいる相手方に売却しその人の単独所有とする代わりに、持分に相当する代金を相手方から受け取って解決するという方法もあります（**図表2**）。

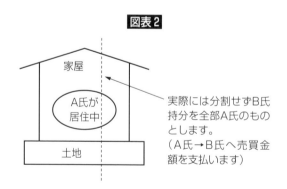

図表2

実際には分割せずB氏持分を全部A氏のものとします。
（A氏→B氏へ売買金額を支払います）

　このような評価を客観的かつ公正に行うのも不動産鑑定士の役割りであり、ここに不動産鑑定士の登場機会があるといえます。

相続というテーマは古くから問題とされてきましたが、昨今、相続税の納税義務者が以前にも増して拡大したこともあり、今日では社会的にも関心の高いテーマとして取り上げられています。相続財産に占める不動産の位置付けは大きく、また、相続不動産が共有の形態で所有されていることが多く、遺産分割の問題が現実的に避けられないものとしてクローズアップされているからです。そのため、不動産鑑定士としては相続不動産の価格を評価するだけでなく、どのような分割をすれば共有を解消することができるかとか、相続対策としての不動産活用を図るためにはどのような運用方法が効果的か等のコンサルティング業務にも領域を広げて活動する舞台があると思われます。

　また、それは不動産鑑定士が単独でというよりも、入口段階では依頼者からの相談窓口として対応し、それから一歩進めて税理士や弁護士と連携しながら相談に乗るという形式で進めることにより、専門家集団の一員として業務を遂行するという方法も考えられます。従来、このような領域は不動産鑑定士としてもあまり馴染みのない分野であったと思われます。しかし、ともすれば相続不動産に関する問題のなかでも厄介かつ重要な位置付けにある共有不動産の分割に係る評価につき、専門家である不動産鑑定士に相談の上、それをベースに話合いの土俵に乗せられることができれば紛争解決の一助となると思われます。

2 | おわりに——不動産鑑定士の社会貢献

　不動産の鑑定評価とはどのような仕事であり、今日の社会にどのような形で役立っているのでしょうか。あるいは、社会からの影響をどのように受け、どのような形で進歩向上を図ることが求められるのでしょうか。

　これらの疑問に対し、1つ1つ的確に答えていくことは想像する以上に難しいというのが実感です。その理由は、この世の中が常に変化の過程にあり、しかも物事を判断する指標も時の動きにつれて刻々と変化していくからです。それだけに、不動産の鑑定評価をめぐる環境も流動的となり、これに伴い不動産鑑定士にとって関わりのある領域が増えていくことも仕事の内容を複雑化させている一因となっています。

　本書では不動産鑑定士の仕事の一端を紹介し、試験合格から合格後の道のりやキャリアアップの方法を展望しつつ、不動産鑑定士の仕事のやりがいや面白さ、苦心談等を交えながら筆者の思うところを述べてきました。

　不動産は、ただそのままの状態で存在しているだけでは価値は生ぜず、それが持つ自然的要素に対し人間が働きかけをすることによってはじめて価値が生じてきます。そして、価値が生ずるからこそ不動産をめぐる問題が社会的に大きな関心事となり、鑑定評価の結果が適正な価値を示す指標として重要な位置付けを占めてくるわけです。

　鑑定評価の考え方や手法は、地価公示、相続税評価（路線価）、固定資産税評価等の公的評価をはじめ、企業会計における時価評価、売買・交換・賃貸借、不動産の証券化、担保評価、公共補償、裁判所鑑定、競売評価等に至るまで幅広く活用されています。

　これらを担うのはまさに不動産鑑定士であり、そこには社会貢献という大きな役割も同時に期待されているといえます。

　本書がこれから不動産鑑定士を目指す方々にとり、「不動産鑑定士のリアルを知る」ために少しでも参考になれば幸いです。

【著者紹介】

黒沢　泰（くろさわ　ひろし）

昭和25年　埼玉県生まれ
昭和49年　早稲田大学政治経済学部経済学科卒業
昭和49年　NKK（日本鋼管株式会社）入社
平成元年　日本鋼管不動産株式会社出向（後に株式会社エヌケーエフへ商号変更）
平成16年　川崎製鉄株式会社との合併に伴い、4月1日付で系列のJFEライフ株式会社
　　　　　へ移籍
現　　在　JFEライフ株式会社不動産本部・部長
　　　　　不動産鑑定士

《鑑定評価に関する主要著書（単著）》
『土地の時価評価の実務』（清文社、2000年）
『不動産の時価評価と減損会計』（中央経済社、2002年）
『固定資産税と時価評価』（ぎょうせい、2003年）
『減損会計と不動産評価の実務』（プログレス、2004年）
『固定資産税評価のための登記簿・図面・道路の調査』（ぎょうせい、2005年）
『固定資産税の評価に役立つ土地の調査実務』（時事通信社、2006年）
『設例による不動産鑑定の実践演習』（学文社、2006年）
『私道の法律・税務と鑑定評価（初版）』（プログレス、2006年）
『不動産取引に活かす調査・契約・評価の実務Q&A』（ぎょうせい、2006年）
『実例でわかる特妙な画地・権利と物件調査のすすめ方』（プログレス、2007年）
『不動産鑑定における増減価評価』（中央経済社、2009年）
『逐条詳解・不動産鑑定評価基準（初版）』（プログレス、2009年）
『不動産の時価評価』（プログレス、2010年）
『工場財団の鑑定評価』（プログレス、2011年）
『土地利用と判例』（プログレス、2012年）
『建物利用と判例』（プログレス、2013年）
『事例でわかる不動産鑑定の物件調査Q&A（第2版）』（中央経済社、2013年）
『不動産鑑定実務ハンドブック』（中央経済社、2014年）
『Q&A・不動産担保価値の基礎知識と減価のしくみ』（ビジネス教育出版社、2015年）
『固定資産税と時価評価の実務Q&A』（清文社、2015年）
『逐条詳解・不動産鑑定評価基準（新版）』（プログレス、2015年）
『私道の調査・評価と法律・税務（新版）』（プログレス、2016年）
『すぐに使える不動産契約書式例60選─契約実務に必ず役立つチェックポイントを注書』
（プログレス、2017年）
『税理士を悩ます　財産評価の算定と税務の要点』（清文社、2017年）
『実務につながる地代・家賃の判断と評価』（清文社、2018年）

『雑種地の評価』（プログレス、2018年）

『基準の行間を読む　不動産評価実務の判断と留意点』（清文社、2019年）

『共有不動産の鑑定評価』（プログレス、2020年）

『記載例でわかる不動産鑑定評価書を読みこなすための基礎知識』（清文社、2020年）

『不動産の取引と評価のための物件調査ハンドブック―これだけはおさえておきたい土地・建物の調査項目119（新版）』（プログレス、2021年）

『相続財産の税務評価と鑑定評価～土地・建物の評価において《特別の事情》の認否が争点となった重要裁決例・裁判例』（プログレス、2021年）

《鑑定評価に関する実績》

不動産鑑定士第2次試験試験委員（平成13、14年）（鑑定評価理論）

不動産鑑定士実務補習担当講師（平成13〜17年）（工業地の鑑定評価）

不動産鑑定士資格取得後研修担当講師（現在）（財団の鑑定評価）

不動産鑑定士実務修習修了考査委員（現在）

不動産鑑定士実務修習担当講師（行政法規総論）（現在）

(公社)日本不動産鑑定士協会連合会調査研究委員会判例研究委員会小委員長（現在）

(公社)日本不動産鑑定士協会連合会「相続専門性研修」担当講師（現在）（財産評価の算定と税務の要点）

著者との契約により検印省略

令和3年11月10日　初版発行

まるごと知りたい
不動産鑑定士

著　者	黒　沢　　　　泰
発 行 者	大　坪　克　行
印 刷 所	美研プリンティング株式会社
製 本 所	牧製本印刷株式会社

発 行 所　〒161-0033　東京都新宿区
　　　　　下落合2丁目5番13号
　　　　　振替　00190-2-187408
　　　　　FAX (03) 3565-3391

株式
会社　税 務 経 理 協 会

電話　(03) 3953-3301 (編集部)
　　　(03) 3953-3325 (営業部)
URL　http://www.zeikei.co.jp/
乱丁・落丁の場合は，お取替えいたします。

ⓒ　黒沢 泰 2021　　　　　　　　　　　　　Printed in Japan

ISBN978－4－419－06830－1　C3034